汉机织汉锦

老官山提花机及尼雅"五星锦"的复原研究

赵丰 龙博 著

上海科学技术出版社

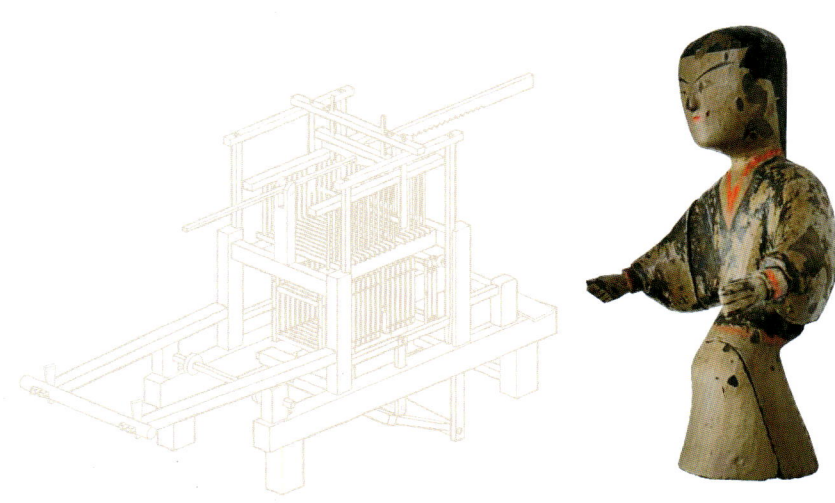

内容提要

2012年年底成都老官山西汉墓中出土了四台织机模型及相关文物，是中国考古发现的唯一提花机模型，也是世界上发现最早的提花机实证。1995年，"五星出东方利中国"锦护膊在新疆尼雅墓地出土，堪称20世纪中国最伟大的纺织考古发现之一，也是目前所知织造难度最大的汉锦。

本书述及的"汉机织汉锦"项目基于老官山汉墓出土织机模型开展研究，并运用这类一勾多综提花织机的织造技术复制出"五星出东方利中国"锦等汉锦实物，从而完整还原汉代提花织机及其提花织造技术体系。

本书读者包括从事纺织考古与科学研究的专业人员，纺织、考古学等相关专业的高校学生，纺织考古和科技史的业余爱好者等。

前 言

中国有着悠久的纺织历史，各种天然纤维都有使用，特别是蚕丝的发明以及丝绸生产技术，在世界纺织史上占有独特的地位。考古资料表明，中国早在45 000年前的旧石器时代晚期就有了骨针，具备了缝制和编织的基本条件。到7 000多年前的新石器时代，已经出现了原始腰机。到战国秦汉时期，则出现了踏板织机和提花织机。中国的机织技术一直领先于世界各地，为世界纺织科学技术的发展、为世界纺织文化的丰富做出了极大的贡献。因此，英国科学史学家李约瑟说，"机"在中国语言中的含义，最初是"织机"，后来就成为所有机器的通称，而且成为机智、机敏的代言词。这其实是对织机在中国文化史上重要地位的最高评价。

战国秦汉时期是中国丝绸发展史上的第一个高峰。战国时期学术思想上非常活跃，百家争鸣，手工艺制作空前发展。汉代初期采取休养生息的政策，提倡农桑，轻徭薄赋，鼓励人口增殖和土地开垦，使汉初经济得到恢复和发展。作为经济的重要方面，纺织业在战国秦汉时期也得到了空前的发展。长安城里的未央宫内设有东、西织室，主要织作以供郊庙之服，一年花费达五千万钱。此外还有御府尚方织室，生产锦绣纨绮等各种高档织物。在黄河下游的丝绸织绣生产重地齐鲁也设有官营作坊。齐郡设有三服官，作工数千人，一岁费数巨万。在民间，织绣生产量也十分巨大。巴蜀更以织锦而著称，汉代杨雄的《蜀都赋》中提到："尔乃其人自造奇锦，紃緵缘卢中，发文扬采，转代无穷。"

战国秦汉时期的织绣艺术也达到了相当的水平。从湖北江陵马山一号楚墓和湖南长沙马王堆汉墓出土的织绣品来看，当时的织物品种主要有平纹类织物如光泽极好的纨、普通的绢和极为轻薄的纱，暗花织物如绞经织物罗、形如杯纹的绮，多彩织物如三色显花的平纹经锦、表面起绒圈的绒圈锦，此外还有以锁绣针法为主的长寿绣、乘云绣等，以及各种印花织物。

战国秦汉时期也是丝绸之路开拓过程中的重要年代，汉武帝时张骞出使西域，使丝绸之路一直延伸到地中海沿岸，中国的丝绸由此被绵绵不断地运向沿途的国家和地区，从而名扬天下。西汉和东汉织锦中有相当一部分被发现在丝绸之路沿途的中国河西走廊、新疆地区或是今蒙古国诺彦乌拉等地。同时，西方的纺织文化也开始影响中国，使中国纺织品的织造技术和图案设计风格产生了极大的变化。

在这其中，丝绸纺织生产技术的提高起到了关键作用。中国古代织机与织造技术是中国古代科技中的重要组成部分，是先民创造并留存下来的珍贵文化遗产最为生动的实证，彰显了中华民族的伟大智慧与创新精神，并为世人所公认。从战国秦汉时期所保存的大量文字和图像的史料，特别是出土的丝织文物和织机文物中，都可以看出中国先民的伟大智慧和丰富的创造力，有许多技术曾是当时的世界最先进水平。

正因为如此，国家文物局于2014年设立了"汉代提花技术复原研究与展示——以成都老官山汉墓出土织机为例"课题（合同编号：2014131）；2015年2月，国家文物局又批复同意新疆维吾尔自治区文物局《关于复制"五星出东方利中国"锦护膊的请示》（新文物博发［2015］14号，国家文物局文物博函（2015）321号）。前者以成都老官山出土的四台西汉时期提花机模型为中心，复原当时世界上最为先进的一勾多综式提花织机；后者则以汉代最为华丽、最为著名、难度最大的"五星出东方利中国"织锦为例，还原了这一丝织工艺。两个项目合起来，就是一个用复原的汉机来生产织造汉代织锦的项目。通过这两个项目的实施，我们可以对汉代提花织机和提花织造技术的发明创造进行一次系统性的研究，以切实可行的实施计划探寻这些问题的解答，并为中国古代纺织技术文化遗产的保护、传承提供广阔的平台。

多年之后的今天，我们来出版这两个项目的成果，认为其有着以下三个方面的学术价值：

（1）汉机织汉锦所还原的历史信息，填补了中国丝绸史特别是蜀锦史上的一个空白。多年来，我们一直在寻找汉锦所用的织机，而相关发现与研究，恰好解决和回答了汉代织锦所用提花机的问题，以及汉代五色织锦所用技术的问题。

（2）中国丝绸是中华文明的重要组成部分，因而汉代丝织技术与艺术的研究，对于中华文明史也有着重大的意义。五色锦的设计与中国传统文化中阴阳五行的理念和构成，与吉祥寓意的设计以及古代皇家礼仪、外交理念，都有着十分密切的关系。

（3）中国丝绸文化是世界纺织文化的重要组成部分，中国丝织技术因为丝线的纤细和染色性能等原因，创造了与之适应的丝绸提花技术，特别是发明了精确和复杂的提花机，在世界丝绸纺织科技史上起到了一个创新性的领先作用。

作为中国人，我们对先民们所发展的丝绸科技成果，也感到十分自豪。我们应该在世人面前揭示中华民族在纺织发明上为世界文明进步所做的伟大贡献，并将其作为中华文明的重要组成部分传承给后代，为中国的可持续发展及文明进步发挥作用。

作　者

2024 年 11 月

目录

第1章
从汉锦到汉机

1.1 汉锦的发现 003

1.2 汉锦的研究 007

1.2.1 楚锦及织造技术的研究 007

1.2.2 西汉织锦技术的研究 009

1.2.3 东汉织锦的研究 011

1.2.4 汉晋织锦的系统研究 013

1.3 寻找和探索汉机 014

1.3.1 汉代素织机的研究 014

1.3.2 汉代提花机的研究 020

1.3.3 汉代提花机的出土 023

1.4 项目设计 029

1.4.1 研究内容 029

1.4.2 技术路线 030

1.4.3 项目的创新点 031

参考文献 032

第 2 章
滑框式提花机

2.1 提花机模型的出土情况 040

2.2 186号模型的测绘 041

2.2.1 机架 041

2.2.2 滑轮 042

2.2.3 中轴提花踏板 043

2.2.4 地综踏板 043

2.2.5 经轴及支架 045

2.2.6 滑框及支架 046

2.2.7 栅栏 047

2.2.8 选综装置 048

2.2.9 综片 050

2.3 滑框式提花机模型的装配 050

2.3.1 软件建模和装配 051

2.3.2 模型还原与复制 053

2.3.3 提花织机的原大复原 054

2.4 织机的运动原理分析 055

2.5 交龙对凤纹锦的复制 060

2.5.1 织物分析 061

2.5.2 确定织物的规格和意匠绘制 061

2.5.3 复制过程 063

参考文献 067

第 3 章
连杆式提花机

3.1 190号模型的测绘 074

3.1.1 机架 074

3.1.2 经轴轴梁 075

3.1.3 兔耳 075

3.1.4 卷轴轴梁 076

3.1.5 格栅前梁 077

3.1.6 中轴踏板 077

3.1.7 地综踏板支架 078

3.1.8 经轴 079

3.1.9 坐板 079

3.1.10 栅栏 080

3.1.11 提升片 082

3.1.12 综片 082

3.1.13 选综装置 083

3.2 连杆式提花机的装配 084

3.3 "世毋极锦宜二亲传子孙"锦复制 087

3.3.1 织物分析 087

3.3.2 确定织物的规格和意匠绘制 088

3.3.3 复制过程 089

第4章
织造辅助工具复原

4.1 络丝工具和技术 096

4.2 整经工具 099

4.2.1 出土情况 099

4.2.2 经耙式整经 099

4.2.3 老官山整经工艺 105

4.3 摇纬工具 106

参考文献 109

第5章
文献中的汉代织机

5.1 《敬姜说织》中的织机部件 112

5.2 《机妇赋》中的织机部件 114
5.2.1 国内外学者的注释 114
5.2.2 基于老官山出土提花机的注释 117

5.3 《三国志》中的多综多蹑织机 125

参考文献 129

第6章
复制"五星锦"

6.1 "五星出东方利中国"锦的复制 132
6.1.1 织物详细参数测定 132
6.1.2 织物规格确定 134
6.1.3 纹样复原 134
6.1.4 意匠绘制 137

6.2 滑框式一勾多综提花织机的改进 137
6.2.1 织机改进 137
6.2.2 复制过程 138
6.2.3 成果评价 141

第 7 章
蜀锦作坊的还原

7.1 作坊里的工匠 146

7.1.1 坐姿男俑 4 人 147

7.1.2 跪坐女俑 3 人 148

7.1.3 坐姿女俑 5 人 150

7.1.4 站姿女俑 3 人 150

7.1.5 作坊主，M2 女性墓主人 153

7.2 蜀锦作坊的工匠构成 153

7.2.1 汉代的丝织作坊 154

7.2.2 一个丝织作坊的成员构成 155

7.2.3 老官山作坊的构成推测 157

7.3 老官山作坊的生产效率 159

参考文献 160

附录一 成都老官山汉墓出土最早的提花织机实证 161

附录二 致谢 177

附录三 大事记 179

后 记 182

第 1 章
从汉锦到汉机

从织造技术上看，汉锦其实就是平纹经锦。它由两组或两组以上的彩色经线，以及一组地纬（或称明纬）和一组纹纬（或称夹纬）交织而成，是最后彩色经线可以根据人们的设计呈现纹样的一种组织结构（图1-1）。平纹经锦的源头可以追溯到西周，《诗经》中已有"锦"字。辽宁朝阳魏营子西周早期墓中就出现了平纹经重组织的实例，可惜色彩已失，纹样不全[1]。西周墓中也已发现平纹经锦的遗痕，但它的大量出现应该从战国时期才开始，到汉代则达到鼎盛。

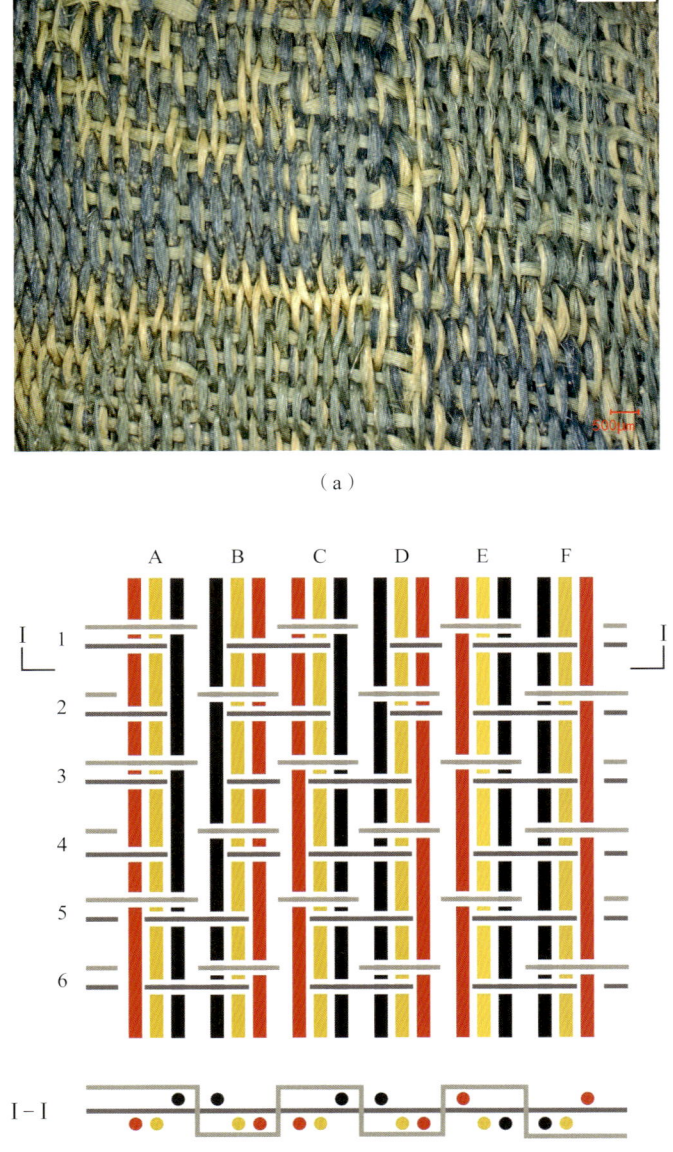

图1-1 平纹经锦组织结构图

1.1 汉锦的发现

战国时期墓葬中已能见到大量平纹经重织物,而且色彩鲜艳,最为突出的实例是湖北荆州马山一号墓[2]、湖南长沙左家塘楚墓[3]、江西靖安李洲坳东周墓[4]等,这说明经锦的兴盛期在战国之时已经到来。但经锦更为丰富的发现则是在西北地区的丝绸之路沿途,可知其流行到唐初。

丝绸之路沿途所发现的最早的经锦出自阿尔泰山北侧、俄罗斯境内的巴泽雷克石棺墓。墓中发现的平纹经锦是二色经锦(1685/23),色彩都已褪成烟灰色,图案为打散构成的几何纹,可以看到有磬纹、杯纹、三角纹等[5](图1-2)。从织造风格来看,这件织锦与两湖地区出土的几何纹锦完全一致,所以这些织物无疑是来自中国的产品,但无法确切知道它们是产自中原还是两湖地区。除了织锦之外,俄罗斯巴泽雷克还出土了蔓草花鸟纹刺绣以及其他丝织物,这与中国新疆乌鲁木齐附近鱼儿沟战国墓中发现的刺绣凤鸟纹残片类似[6]。这些织物在这一地区的发现为研究早期丝绸之路,特别是草原丝绸之路,提供了极好的素材。

西汉初年,汉与匈奴对峙于北方,汉武帝派张骞出使西域,丝绸之路正式凿空。因此,甘肃和新疆等丝绸之路沿途,有不少遗址和墓葬均出土西汉丝绸。

图1-2
巴泽雷克出土的几何纹锦

英国的斯坦因早年就曾在中国甘肃敦煌境内的汉代烽燧遗址中发现了少量织锦，初定为西汉织物[7]。1979年，甘肃省博物馆文物队又在附近的马圈湾烽燧遗址发现了不少属于西汉时期的织物，其中包括带有菱纹与云纹相结合的云气菱纹锦残片和大量绢织物[8]。而较大规模的发现是在甘肃武威磨咀子，出土的有自西汉晚期到东汉中期的纺织品，其中属于西汉晚期的48号墓和属于王莽时期的62号墓等均出土了丝织品，与长沙马王堆汉墓比较可知，威武磨咀子汉墓出土的绒圈锦是极为典型的西汉织物[9]。

属于这一时期最为重要的发现是在今蒙古国诺彦乌拉山谷匈奴古墓出土的织物（图1-3）。诺彦乌拉位于蒙古国北部，山上有一个属于公元前1世纪到公元后1世纪的墓葬群，1924—1925年首先由俄国考古学家科兹洛夫发掘。其中发现了一座大型的匈奴贵族墓，出土有大量来自中原地区的织锦，其中最为著名的是山石鸟树纹锦（MP-1330）。此外，大量的云气动物纹锦也出现在墓

图1-3 诺彦乌拉出土的"颂昌万岁宜子孙"锦

中，其中包括"新神灵广"锦、"颂昌万岁宜子孙"锦、"威山"锦、"游成君时于意"锦、菱形鸟纹锦、草样花纹锦、双鱼纹锦等。从种类来看，大多数为中原常见的二色及三色锦，但是也有几何纹的绒圈锦等种类。从墓中出土的汉建平五年（公元前2年）的漆器及大多数织物风格来看，墓中所出织物当属西汉末年[10]。

时至东汉，丝绸之路沿途的中国织锦出土更多。首先是在中国西北地区的新疆境内，有着大量属于汉晋时期的墓葬发现，其中都有汉式经锦出土。最为著名的墓地有民丰尼雅、若羌楼兰、洛浦山普拉、且末扎滚鲁克、吐鲁番胜金店、尉犁营盘等。如尼雅遗址1号墓出土的"王侯合昏千秋万岁宜子孙"锦（简称"王侯合昏"锦）被（图1-4）和8号墓出土的"五星出东方利中国"锦护膊（简称"五星锦"），据俞伟超研究，这两件均应为汉代皇家作坊产品，当为中原统治者给尼雅当地统治者的赐物，因此，这两件织物应为东汉织锦[11]。

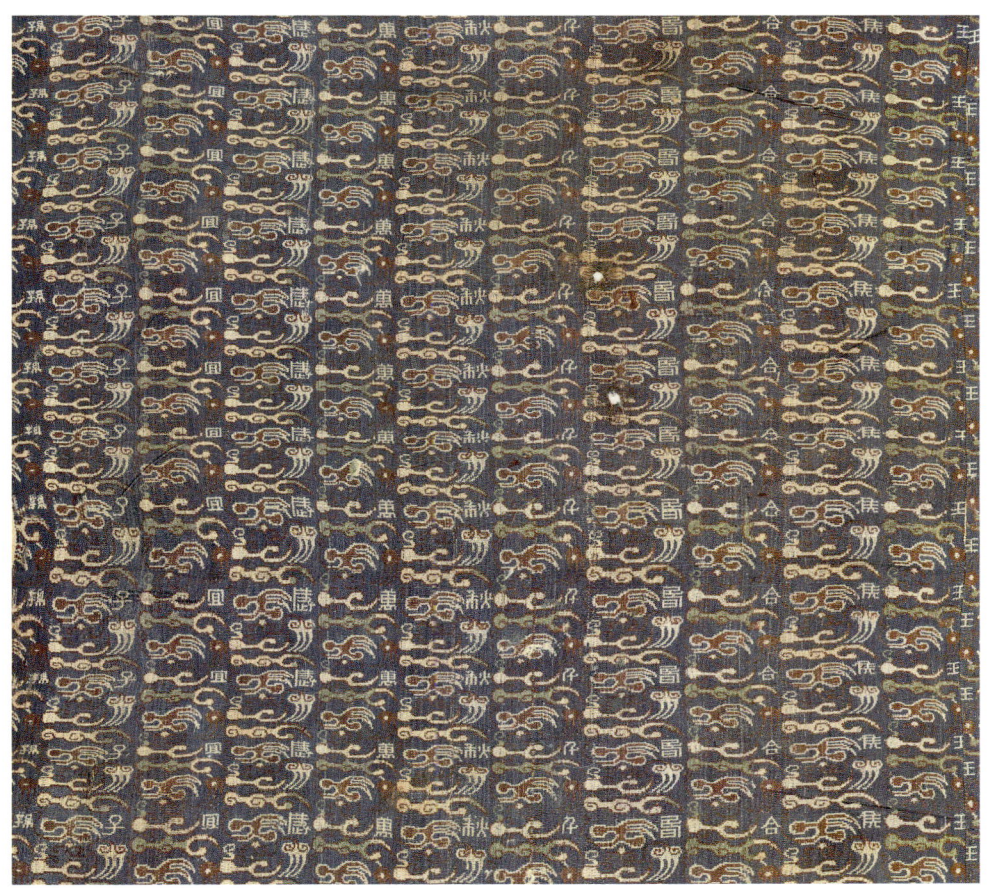

图1-4 民丰尼雅出土的"王侯合昏"锦

再如楼兰遗址出土织锦中的双鱼纹锦在诺彦乌拉也有出土,而且楼兰遗址出土的"广山"锦与诺彦乌拉所出"威山"锦如出一辙,因此可以推论,楼兰遗址出土织锦中也有相当一部分为东汉织锦[12]。但由于楼兰和尼雅遗址的废弃年代是在西晋时期,因此确实非常难以区分东汉织锦与魏晋织锦。

东汉织锦在境外从俄罗斯到地中海沿岸也均有发现。在 Ilmovaya Padi 墓地,就出土了公元元年前后的汉式卷云纹的三色锦(1354/149-151)[13]。在 Minusinsk 盆地的 Golahtisky 墓地,也出土了公元3—4世纪以汉式锦实物镶边的箭囊,上面可以清楚地看到"为"等织入的汉字[14]。东汉织锦最远的发现地是在叙利亚的帕尔米拉遗址。其中发现的经锦种类约有3~4种,一种是方格连璧龙纹锦;一种是"明"字云气动物纹锦,很有可能是"长乐大明光"锦的局部;还有一种是葡萄纹锦,其中可以看到有采葡萄人物的场面,据研究这一图案是典型的帕尔米拉风格,说明很有可能当时已有专为西亚地区定制的平纹经锦[15](图1-5)。此外,还有若干种不可识别的汉锦残片。

图1-5 叙利亚帕尔米拉出土的葡萄人物纹锦

平纹经锦更为大量的发现可以持续到魏晋至北朝时期,这其中最为大量的出土是在吐鲁番、都兰、敦煌等地。此外,中国新疆营盘和以色列的马萨达(Masada)也发现了加有强捻的平纹经锦,很有可能是其他地区对平纹经锦的模仿[16]。

以上这些平纹经锦的总体特点是:其经纬丝线一般均为无捻,组织结构为平纹经重组织,但其经线常有多种色彩,多时可以达到一个区域中有五种色彩,少时也有两种。五色织锦是当时最为华丽和贵重的织锦，其经密可以达到 220 根 /cm 左右，极为紧密。但是，其他采用三色或是四色经重组织的织锦也会在不同区域进行色彩变换，形成色挡，以达到整件织锦总体五色的效果。织物的图案大量采用云气动物加汉字吉语，但在汉晋之后有较大变化。不过，其图案规律则永远是在经向有尺寸较小的循环，通常约在 10 cm 之内，而在纬向没有循环，即其纬向图案通幅可达 50 cm 左右。

1.2 汉锦的研究

1.2.1 楚锦及织造技术的研究

汉代织锦技术的研究，应该包括对春秋战国时期特别是楚国的织锦技术研究，因此，楚墓中平纹经锦的发现引起了学者们极大的关注。考古工作者是最先接触和研究这些丝织品的，最初步的研究基本由他们进行。湖南省博物馆的熊传薪和湖北省荆州博物馆的彭浩均曾对当地所出楚国丝绸做过研究。由于马山一号墓出土的丝绸数量更大，彭浩所进行的研究也就更广，到最后写成《楚人的纺织与服饰》，是对楚国纺织考古的一个总结[17]。其次，一些技术出身的学者也纷纷投入这一研究。王㐨先生是以纺织品保护和修复专家身份最早接触马山丝织品的学者，他们的研究成果最终被编入沈从文的《中国古代服饰研究》[18]。以高汉玉为首的上海纺织专家们也热情地投入到古代丝绸的研究中来，他们不仅为马山楚墓出土的纺织品研究提供了帮助，同时也进行了对如江陵望山楚墓、随县曾侯乙墓的出土丝织品的鉴定。还有一些国外的学者也对出土的部分织物进行了专题的研究，某些研究还是通过对古代织绣的复制来进行的。因此，战国织锦的研究已取得了相当辉煌的成果。

楚锦中最为突出的是马山一号楚墓出土的舞人动物纹锦，其纹样由舞蹈人物和龙、凤、麒麟等七个单元构成，横贯全幅，这是目前所见东周时期最大的织锦花纹（图 1-6）。此锦的特殊之处不仅在于其纬向循环通幅，而且在于其一边有图案程序的错误，这种错误在经向被反复地循环。针对西方某些学者怀疑中国古代是否存在提花织机的观点，这种错误恰恰提供了中国提花机存在的证明。但对于这种提花机的机型，学者们却有不同的看法。德国的库恩博士等认

图 1-6　马山一号楚墓出土的舞人动物纹锦

为，中国是用传统的带有花楼的提花机生产的[19]；苏州丝绸博物馆的技术人员则用这样的提花机织出了同样的舞人动物锦，在一定程度上支持了这一观点。但是，另有一种观点认为多综多蹑机是用于织制舞人动物这样的早期平纹经锦的机型，屠恒贤在对多综多蹑机进行详细调研的基础上，用多综多蹑机复制了舞人动物纹锦，虽然只是一小段，但在理论上已获得了成功[20]。

  楚锦研究中最大的一个项目是完成于 2017 年的东周纺织织造技术研究。这是一个国家文物局的"指南针计划"项目《东周纺织织造技术挖掘与展示：以出土纺织品为例》（文物博函〔2008〕1258 号），由赵丰团队和钱小萍团队承担主要技术攻关任务，联合江西省文物考古研究院、荆州博物馆、东华大学、浙江理工大学等一起合作。项目团队以江西靖安李洲坳东周墓和湖北马山一号楚墓出土的纺织品为主要研究对象，分别开展了纺织纤维的鉴别、纺织品文物及纺织工具调查、出土的部分纺织品及纺织文物的鉴定、原始织机的研究与复原、纺织文物的复原、东周纺织织造技术综合研究、东周纺织织造技术专题陈列及相关展示。东周时期，我国的纺织生产技术得到了迅速的提高，这一时期的纺织品最为集中的考古出土地有湖北荆州马山一号楚墓和最近在江西靖安发现的东周时期大墓，墓中均出土了大量的丝织品和编织物，其中出土的织锦特别精细。

  项目团队选择了从简单到复杂的一系列典型平纹经锦进行复制与研究，在产品的复制过程中同时对东周纺织技术与织造设备做了一定的探索与分析。最后选择了四件经锦进行复原：第一件复制产品为湖北江陵马山一号楚墓出土的凤鸟凫几何纹锦，是楚国织锦的典型代表，结合此产品，赵丰团队进行了多综多蹑织机复制织锦的技术研究，这种方法已在前些年进行过实践。第二件是湖南长沙左家塘44号战国楚墓中出土的对龙对凤纹锦，目前中国丝绸博物馆也收藏了一些同类的织锦，我们以此为目标，尝试了省蹑式提花织机的研究。第三、四件同为江西省靖安县李洲坳古墓出土，一件是经线密度达到240根/cm的高密度经锦——狩猎纹锦绦织物（图1-7），我们尝试了特殊的织造工艺；另一件是该墓葬中多次出现的，呈红、黑条状排列的条形几何纹锦，这种织物组织特别，赵丰团队也进行了复制尝试[21]。项目最终获得了2009年度全国文物保护科学和技术创新奖二等奖[22]。

图1-7　靖安东周墓出土的狩猎纹锦

这些复制产品都是东周时期纺织品的特色或典型代表，展示了东周时期先人们高超的纺织技术与无与伦比的设计想象能力，也从侧面生动地反映了当时的社会、经济与科技发展现状。

1.2.2　西汉织锦技术的研究

大量西汉丝织品的出土特别是马王堆的发现，为汉代纺织品的研究带来了契机，甚至可以说是带来了中国古代纺织品研究的"春天"。因此，对马王堆出土丝织品的研究，代表了西汉丝织品研究中的精华。马王堆出土丝织品的种类非常多，有锦（包括绒圈锦）、罗、绮、纱、绉纱、绢及编织而成的绦带等，但其中特别引起人们注意的是绒圈锦、罗、绮及绦带等，大葆台汉墓中出土的组也引起了学者的重视。

以上海纺织科学研究院高汉玉为首的一个研究小组从现代纺织技术的角度出发对马王堆出土纺织品进行了专门的研究，这是中国第一次应用现代科学技术对传统纺织技术进行的一次研究，开创了中国纺织史研究中的一个新局面[23]。

马王堆纺织品的研究包括纺织纤维、组织结构、丝织工艺、染料颜料、印花工具等多个方面，其中对绒圈锦（图1-8）的研究可以看作一个典型的范例[24]。上海研究小组所确定的绒圈锦共有三种：N6-1、N65-1和N6-2，与张宏源所说的三种大同小异。他们仔细地分析了织物的组织，认为这是一种由地纹经Ⅰ、底经、绒圈经和地纹经Ⅱ四根经丝为一组组成的经显花起绒组织，其中绒圈经在局部专门与假织纬交织，织后抽去假织纬，就形成绒圈。但这种绒圈一般均越过数根纬丝后凸起，与后世的绒织物中的绒圈并不一样。上海研究小组还推测了绒圈锦的上机装造工艺，采用一种与明清时期流行的束综式提花机相似的织机进行织造。若干年以后，南京云锦研究所试验用这种束综提花机织造绒圈锦，获得了成功。不过，后者对绒圈锦的组织分析却与上海小组不完全一样，而他们所采用的组织结构，是与上海小组所谓的凸纹锦一致的。

图1-8　马王堆汉墓出土的绒圈锦

事实上，绒圈锦并非在马王堆首次发现，在甘肃磨咀子汉墓及蒙古国诺彦乌拉汉墓出土的纺织品中也曾发现。苏联的陆柏（又译鲁博-雷斯尼钦科）博士[13]早在1961年就已对此做了初步的研究："从古墓15号出土的标本14029在与其他经锦具有完全一致的交织结构的同时有着一个基本的差别，这就是其图案呈浮雕状。其可能产生的方法是将这一经丝在图案处放松，过后再将其与纬丝织紧，结果丝线就呈现环状，并由纬丝固结。由此，织物上的装饰不仅可以由色彩来显现，而且可以通过浮纹。"陆柏的研究并没有说明是否使用假织纬，但指出其组织与其他经锦是完全相同的。

但也有学者在研究了绒圈锦的结构后指出了绒圈锦并不能属于真正的起绒织物，因为它没有完整的由纬丝夹固的绒圈，并将其与中国后世的绒织物脱钩。包铭新[25]指出："事实上，它们虽然有某些共同点（都是多彩起绒提花丝织物），但两者之间也存在着本质上的差异。……从两汉至明代的千余年间，没有什么文献或实物可以证明任何介于绒圈锦与漳缎之间的过渡物的存在。我们认为，这两者之间没有直接的因袭关系。"在国外，大多数学者的观点与此接近。如Lutos Stack在其著作中也指明了绒圈锦组织与真正绒组织的区别，而自汉至明1 000多年的空档也说明了后世中国绒织物与绒圈锦无关[26]。现在看来，这一观点是较为客观而公正的。

马王堆经锦的技术复原也是一直有人在尝试。早年有金文先生在束综提花机上复原了素纱单衣和单衣上的锦缘。2016年，南京云锦研究所再次复原了绒圈锦，但用的还是束综提花机。

1.2.3 东汉织锦的研究

对于东汉丝织品的研究最初始于对诺彦乌拉遗址及楼兰遗址出土织锦的研究，在这方面的研究一开始都是以国外学者为主。

英国学者斯坦因所获的纺织品文物被很多西方学者进行了详细的研究。其中最为详细的要数瑞典人西尔凡，她在1949年出版的 *Investigation of Silk from Edsen-gol and Lop-nor*（《额济纳河和罗布淖尔出土的丝织物研究》）一书中较为详细地对斯坦因在楼兰遗址和额济纳河发现的各种织物包括织锦、绮、罗等进行了技术上的分类，并对其艺术风格也进行了探讨[27]。可以说，西尔凡的研究是当时对东汉织物最为完整和科学的研究。此外，蒙古国诺彦乌拉的丝织品在发现后也很快地得到了日本梅原末治的初步整理和研究[28]。

20世纪60年代之后，法国的里布夫人和苏联的陆柏博士对汉代织物的研究做了大量的工作。里布夫人是法籍印度人，由于其特殊的地位，其对新德里及伦敦大英博物馆所藏斯坦因掠去的丝织品有机会进行考察，而陆柏也可以对圣彼得堡爱米塔什博物馆所藏诺彦乌拉出土的汉代织物进行研究，因此，他们之间独立或合作地对中国的汉代织物进行了大量的研究，其成果为世人所瞩目。里布夫人的研究成果，集中体现在 A closer view of early Chinese silks（《汉代织物的深入考察》）一文中[29]，而陆柏的成果则是 Chinese silk embroidery from Noin-Ula（《中国古代纺织品与刺绣》）[13]。此后，随着中国新疆地区考古的发展，他们俩也继续发表论文，向海外介绍中国这一时期的考古新发现。

东汉织锦从原理上来看，与西汉织锦并无太大区别，一律都是平纹经锦。但是前者汉锦的经密非常大，一般每厘米为40～60副（"副"是夏鼐先生所起的名称）。因此，二色汉锦（1∶1）的经密可达100根/cm左右，三色汉锦（1∶2）的经密则为150根/cm左右。如果需要更多色彩，则可将色彩分区，每一区中的色彩一般也是四色以下。但从20世纪80年代之后尼雅出土的织锦来看，织锦中也有织物通幅为一区、一区之中为五色锦的情况，如著名的"五星锦"，就是用表里经比为1∶4的织锦，这件织锦的经密多达220根/cm。然而，经密最大的一件要数诺彦乌拉出土的山石鸟树纹锦（图1-9）。这件织锦现藏于

图1-9　诺彦乌拉出土的山石鸟树纹锦

俄罗斯爱米塔什博物馆，经法国著名纺织史专家维亚尔的分析，此件织锦的表里经之比一般为 1∶3，局部达到 1∶5，也就是说，此锦的经密较"五星锦"更密，织造的难度更大。另外，这件织物的图案循环经向长度约达 53 cm，每厘米织入的纬丝数为 26.5 根，共需要 350 根纹杆才能织出这件织物。织制这样高难度的织物无疑要用极为复杂的织机，日本学者佐佐木信三郎不排除这件织物由手工提花织机制织的可能性，而维亚尔则认为用纹杆织机更适合，因为在束综提花机上可能会遇到无法克服的困难。至于这件织物所用的纹样，也有不少学者试图解释，如普菲斯特认为其树为生命树；而陆柏则根据《山海经》中的记载认为这是桃树，鸟则是一种天鸡；还有人认为这树应是灵芝，这是长寿和永恒的象征。但到目前为止，尚无一种说法可以令人信服[30]。2011 年，俄罗斯的 Maria Menshikova 指出，这一条织锦更像是四川一带的出品[31]。

1.2.4 汉晋织锦的系统研究

在马王堆汉墓发现以前，人们一般是将在楼兰、尼雅以及蒙古国诺彦乌拉发现的织锦定为东汉时期的代表作。这主要是从遗址的性质来定的。但当马王堆的织物出土以后，由于诺彦乌拉墓中出土物中也有绒圈锦，因此，法国的里布夫人将其部分织物的年代提前到西汉。而另一件带有"新神灵广"铭文的织锦则被看作新莽时期的织物[32]。

中国学者中也有不少人对此类织锦的年代发表了看法。沈从文先生认为，它们早不过秦始皇以前，晚不会在汉武帝以后[33]。但赵丰认为，这类织物的流行期应在东汉至魏晋时期，其理由为：① 遗址或墓葬的年代均在东汉或是魏晋，而在西汉墓中基本没有发现；② 其不少的织锦铭文均可与东汉时期的一些杂记及后来《邺中记》及其他关于魏地织锦的记载相吻合，至于《洞冥记》所载情况虽在汉武帝时，但此书并不可靠；③ 锦纹反映的神仙思想也只是在汉武帝时出现，其流行则在东汉，对照大量东汉的陶器等上的纹饰，均可理解这一点。在《云气动物纹锦的系谱》一文中，赵丰还将汉代的云气动物纹按云气类型的不同分为穗状云、山状云和涡状云三种，并构画了从西汉云气纹绣到东汉云气纹锦、穗状云动物纹再到山状云动物纹的发展系谱。从这一系谱来看，带有穗状云的动物纹锦在逻辑上较山状云为早，但东汉和魏晋是其共同流行的年代。魏晋起，云气动物纹样则趋向于简单化和程式化[34]。

对于东汉至晋时期的织锦，人们也开始了不少的复原研究。虽然中国丝绸博物馆的楼婷曾用多综片提花机复原了"王侯合昏"锦，但这部分做得比较多的要算是苏州丝绸博物馆的钱小萍团队。钱小萍团队在 1990 年前后已为当时的中国历史博物馆复原了塔形纹锦、"延年益寿大宜子孙"锦和舞人动物纹锦，用的是束综提花机；于 1999 年经国家文物局同意又复制了"五星锦"——虽然复制的不是整个门幅，只是一个局部。

1.3 寻找和探索汉机

1.3.1 汉代素织机的研究

早期，学者们一般常用汉代画像石上的织机图像开展汉代织造技术的相关研究（图 1-10）。目前所知有着织机形象的纺织画像石已达十余块，其中山东境内的滕县（今滕州市）宏道院、黄家岭、后台、西户口各有一块，龙阳店有两块，嘉祥武梁祠、长清孝堂山郭巨祠、济宁晋阳山慈云寺各有一块，共计九块；江苏境内的铜山洪楼和青山泉各一块共两块，沛县留城、邳县（今邳州市）白山故子一号墓、泗洪曹庄各一块，新沂一块，共计六块；另外，安徽宿县褚兰东汉墓有一块、四川成都曾家包东汉墓有一块。这些画像石上描绘的大多是曾母训子或牛郎织女的故事，画中的织机反映了当时家庭织造技术的一般水平。

更为称奇的是由法国学者里布夫人收藏的汉代陶釉织机模型，它已成为研究汉代织机的重要资料。里布夫人是法国著名的中国纺织史学者，曾任亚洲纺织品资料研究中心（AEDTA）的主席。在她的私人收藏中，有一台出土地不详的陶制绿釉微型织机模型，高 30 cm、长 25 cm、宽 17 cm，这是目前所知最为逼真的织机模型。里布夫人去世之后，织机被捐给了法国吉美博物馆（图 1-11）。美国怀古堂也曾经收藏过一个有着织机与织女的陶屋模型，成为现存不多的三维立体的汉代织机模型。

关于汉代织机的复原研究早在 20 世纪 60 年代初期就已开始，宋伯胤和黎忠义两位学者在《文物》杂志 1962 年第 3 期上发表了专文，对当时所知的六种汉代画像石上的织机图像做了归纳，并初步进行了斜织机复原的尝试[35]。1972 年，夏鼐在《我国古代蚕、桑、丝、绸的历史》一文中又对此做了进一步的复

(a)

(b)

(c)

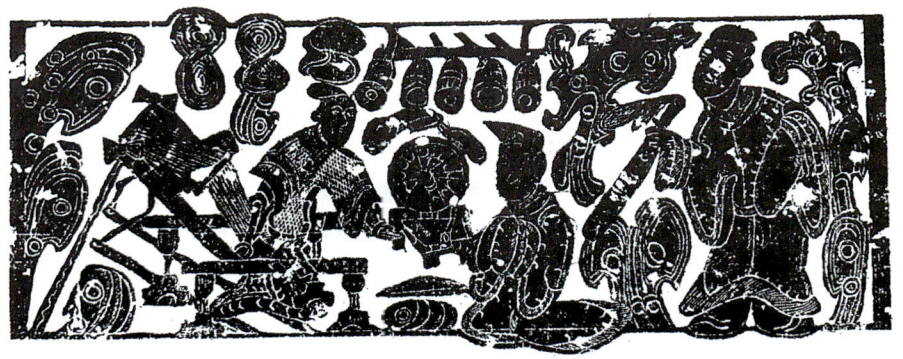

(d)

(e)

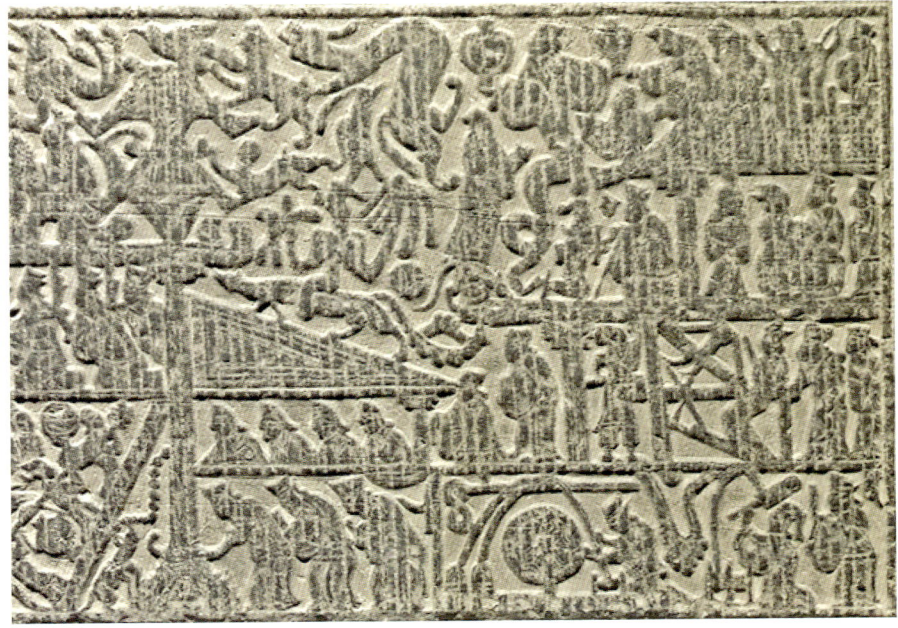

(f)

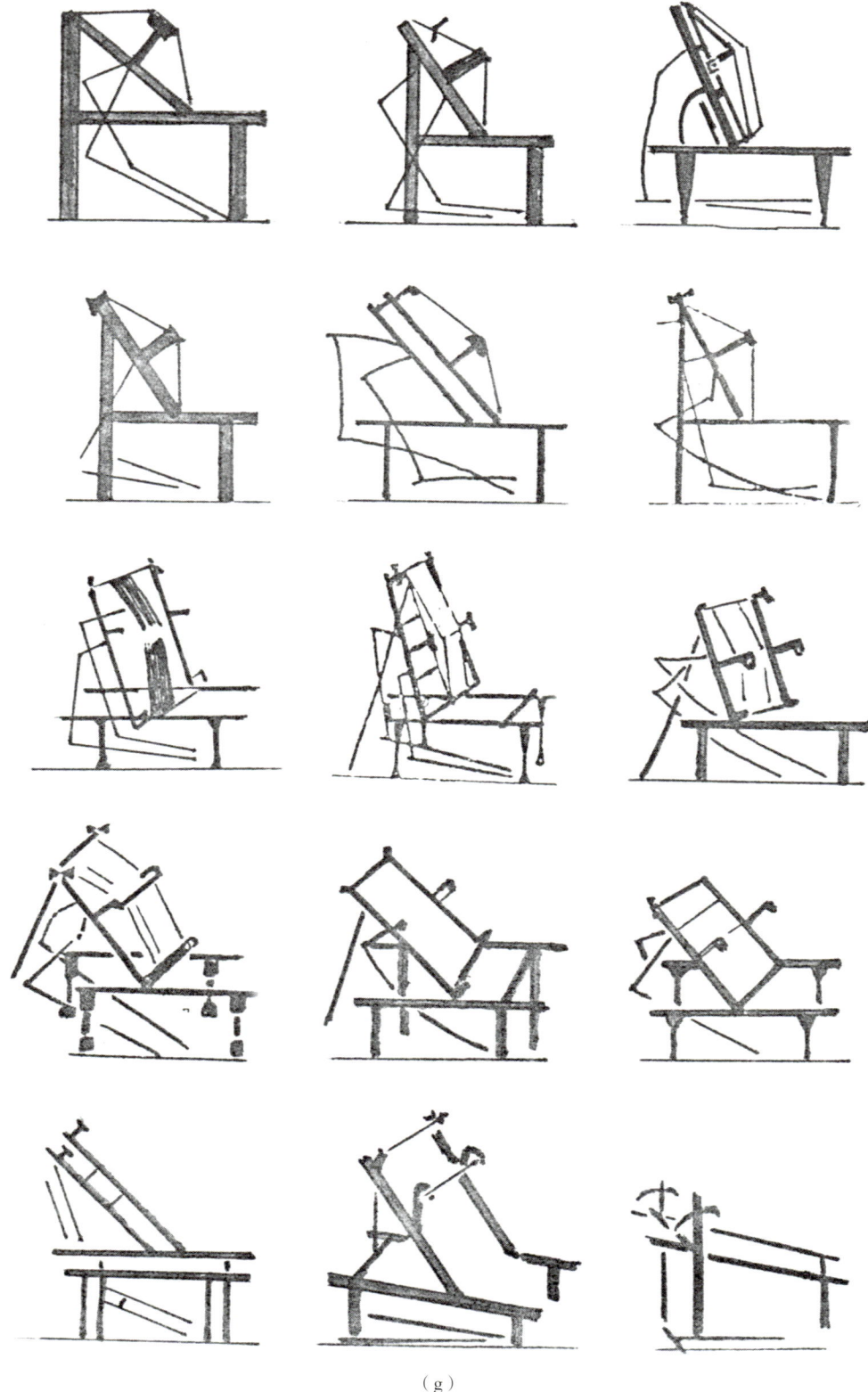

(g)

图 1-10 汉代画像石上的织机图像

图 1-11 吉美博物馆所藏汉代斜织机釉陶模型

原设计，为大家所经常引用[36]，陕西历史博物馆也曾按照此设计制作了一台斜织机模型，在展厅陈列。80年代，高汉玉和屠恒贤等也提出了不同的看法。高汉玉的方法是将湖南湘西苗族地区的卧机作为汉代织机的原型[37]，屠恒贤则以江苏泗洪曹庄出土的汉代画像石为主要原型提出中轴式织机的可能性[20]。

此后，在综合所有画像石资料以及里布夫人提供的釉陶织机资料的前提下，并在成功复制元代中轴式踏板立机的基础上，赵丰对汉代斜织机做了进一步的研究。赵丰认为，汉代踏板织机起码有两大类型，一种称为卧机，也可以称为踏板腰机；另一种称为中轴式踏板斜织机[38]。前者出现在四川成都曾家包汉代画像石上，是一种有机架的、由单片踏板控制单片综开口的、卷布轴固定于织工腰部的素织机，与后世元代薛景石《梓人遗制》中所记载的小布卧机子和明代宋应星《天工开物》上所载"腰机"基本相同。后者多见于汉代画像石和釉陶织机模型，它就是通常所称的斜织机，用两片踏板控制中轴，并通过中轴来控制一片综的升降，形成织机上经线的开口；其尺寸约高为135 cm，宽为76.5 cm，长为112.5 cm（图1-12）。

加拿大的柏恩汉认为中国汉代的显花织物都是手工挑花织成的，甚至连夏鼐先生在临终前也接受了这一观点，并写进了其生前最后一部著作《中国文明的起源》[39]。夏鼐先生怀疑过平素织机可能曾经用于挑花织造，所以我们也曾对此进行过思考，但觉得不可能，直到老官山织机的出土，"平素织机挑花用于提花"的假设已不再成立了。

1.3.2　汉代提花机的研究

关于汉代提花机的最大争论是机型问题。较为经典的观点认为早期提花机的型制与后来的束综提花机相同或是原理相同。持这一观点的，在国内有孙毓棠、高汉玉、张培高等，在国外则有库恩、高田倭男等，这是最为普遍的一种观点。苏州丝绸博物馆的技术人员也成功地应用束综提花机来复制东汉织锦中的"延年益寿大宜子孙"锦。由于织物的经密大、衢线多、衢脚重，织机上采用了多名拉花工进行拉花。另一种重要的观点是将多综多蹑机作为汉代经锦织制的主要机型[40]。

20世纪70年代，胡玉端在四川省双流县（今成都市双流区）发现了一种织腰带的丁桥织机（图1-13），其提花由多片踏板控制多片综片产生。对照

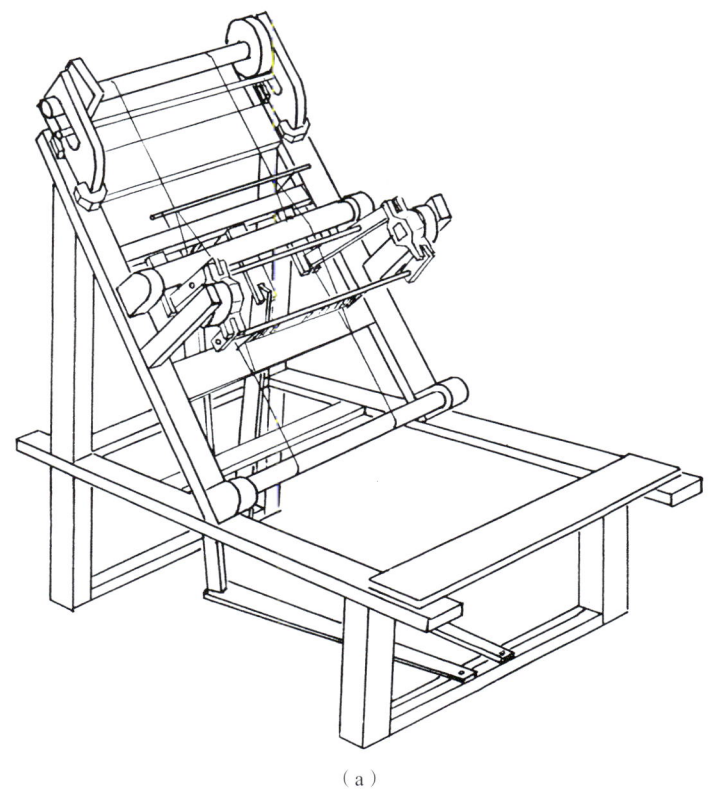

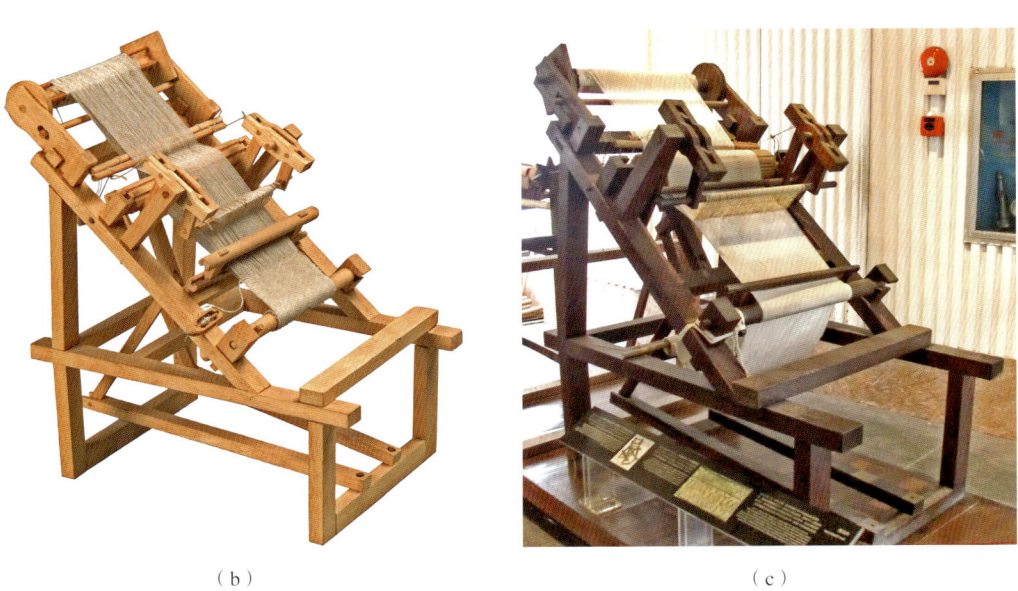

图 1-12 复原的汉代斜织机

图1-13 丁桥织机

《三国志》注中提到的扶风马钧,这台织机改进了当时"五十综者五十蹑,六十综者六十蹑"的传统绫机,因此可称之为多综多蹑机,并可将其作为汉代提花织机复原的母型[41]。后来,屠恒贤等对此做了较为深入的研究,并在丁桥织机上试织了战国平纹经锦的局部,得到颇为可信的结论[20]。中国丝绸博物馆楼婷团队用多综片式提花机成功地复制了汉锦"延年益寿长葆子孙"锦与"王侯合昏"锦。前者为三重经锦,复制时用多综多蹑机织造,基本取得了成功,证明了多综多蹑机织制经锦的可行性。后者为四重经锦,因经线总数过于致密,用多综多蹑机提花,开口多有不清,推测当时应有两人抬起花综,一人脚踏地综开口,由三人合作织造,实际上为手提多综片式提花机。这提供了汉代织锦生产技术的一种可能性。苏州丝绸博物馆也曾多次在多综多蹑机上成功复制出汉代织锦,但是在遇到花纬数量较大的织锦时,机后的纹综片因为前面所述原因已经不能靠踏板提升,只能通过另外一名织工以手辅助提升。

近年来,随着少数民族地区的竹笼式和帘综式低花本织机的重新发现,低花本织机也被认为是中国提花机发展过程中的重要一环,甚至是必经的一环。

至此，低花本织机在国内小范围地为学术界所重视。1992年，赵丰在日本京都召开的亚洲科技史国际学术讨论会上发表的论文中提出了竹笼机（图1-14）作为提花机发展过程中重要环节的观点。1995年，韩国学者沈莲玉将这类织机作为楚汉时期提花机的类型之一[42]。1997年，赵丰基本完成了对这种低花本织机的研究，认为低花本织机也可能是，特别可能是战国到西汉时期出土于两湖流域织物的一种重要机型[43]。

对于早期纺织技术的研究虽然已有开展，但总体而言，深度依然不够，尤其是提花织机和提花织造技术的发明时间与脉络至今仍然没有得到详尽的阐明，从原始的挑花技艺到大花楼织机织造技术的整个发展过程中存在很多疑问和争论没有解决。

因此，人们都在关切，希望有一台汉代的提花机能站出来，为我们解答疑问。正在此时，天赐良机，成都老官山出土了提花机模型。

1.3.3 汉代提花机的出土

2012年7月至2013年8月，经国家文物局批准，成都文物考古研究院和荆州文物保护中心组成联合考古队，对位于成都市金牛区天回镇的一处西汉时期墓地进行了抢救性发掘，共发掘四座西汉时期土坑木椁墓，出土大量漆木器、陶器，以及少量铜器和铁器等[44]。

成都市天回镇位于主城区北面的浅山丘地带，此处曾发现有西周时期的大型建筑遗迹羊子山土台，以及大量战国、秦汉时期墓葬，这一区域也是唐宋时期以后的贵族墓葬集中埋葬区，有后蜀皇帝孟知祥墓、明蜀蕾王墓等。就在天回镇土门社区卫生站东侧，当地俗称"老官山"的地方，地铁三号线施工时发现了四座汉代墓葬，中心坐标为东经104°6′41.96″、北纬30°44′56.65″。其中编号为M1~M3的墓葬集中分布在南北向的直线上，以M1为中心坐标点，M2位于M1北侧约30 m，M3位于M2北侧约5 m，M4位于M1的东南方约420 m处。

2012年7月，成都文物考古研究院开始了对上述汉代墓葬的发掘。四座墓葬均为竖穴土坑木椁墓，大小相近，方向近南北向。其中M1、M3有墓道，平面呈凸字形；另外两座无墓道，平面呈长方形。椁内置葬具、墓主及随葬品。椁内放置一具或两具木棺，棺由整树加工成凹形槽，槽两头插挡板后呈长方盒形，棺与棺盖分别作凹凸槽相扣。棺内髹黑漆，棺外髹黑漆或红漆，棺外壁多

图 1-14 广西壮族地区所用的竹笼机

用铜泡、木壁装饰。木椁外包裹青膏泥。最后在椁室上面逐层夯土，形成封土，封土被破坏严重，形制不详。

墓葬又分为有底箱和无底箱两类，无底箱墓仅有M1，M2、M3、M4有底箱。所谓"有底箱"，即在椁室底部又分隔出一层，内部再分成若干箱，各箱内按类别置随葬品。

出土提花织机模型的是M2（图1-15），墓坑上部遭破坏，开口层位不明。现存墓口长8.45 m、宽5.76 m、高5.2 m。东西坑壁各有一道生土踏步，四壁有组装椁室的加固孔。椁室顶板上盖有一层棕垫，椁室平面呈2.75 m。椁室内为长方形，长6.36 m、宽3.16 m、高2.05 m（含底箱高度）。椁室内中部及南北两侧距椁壁分别约0.45 m、0.6 m处放置挡板，高0.45 m，将底部分隔出四个底箱，再在最南部的底箱内用两挡板将其分为三个小室，底箱上盖板。椁室内满施红漆，西北角靠近西壁有一具长方形木棺，放置于底箱盖板上。木棺内外通体施棕红漆，外壁有铜泡装饰，还可见丝织物痕迹，疑为盖棺之吊。棺长2.76 m、宽0.88 m、高0.92 m。

四个墓葬中出土随葬品共计540余件，包括木牍和竹简、陶器、漆器、铜器等。其中陶器有130余件，器型有罐、瓿、盆、熏炉、瓮、壶、井、灶、仓、釜等；漆器有240余件，器型有耳杯、奁、几、盘、盒、俑、动物俑等；木器有140余件，器型有璧、杖、器座、案、织机模型等；铜器有20余件，器型有

图1-15　老官山汉墓M2的结构图

弩机、带钩、扣饰等，钱币有"半两"和"五铢"，还有少量铁器、竹编器、草（棕）编器等。其中与织机相关的有：

织机模型4件。出于M2北底箱（图1-16）。其中三件织机大小、结构一致，另一件结构不同。竹木材质，部分织机上还保存有纺线。M2：191，长0.66 m、宽0.42 m、高0.21 m。M2：186，长0.82 m、宽0.28 m、高0.48 m。

图1-16　M2北底箱

织工俑M2：200，出于M2底箱北一室，织机之侧。站立状，腿微曲，发、眉、眼、鼻、口、须彩绘清晰，双手脱落。通体以白漆为地，其上彩绘勾勒出衣服，胸左侧有黑漆字。高26 cm、头宽6.5 cm、肩宽8 cm、厚4.3 cm。

侍立俑M2：101，出于M2椁室内。站立状，双手拱于胸前，发、眉、眼、鼻、须彩绘清晰，衣着宽大。口通体以白漆为地，左臂上有一个黑漆字。高32 cm、头宽6.8 cm、肩宽9 cm、厚4.9 cm。

当然最为重要的出土文物是M2北底箱出土的四部织机模型，它们由竹木构成，结构复杂、清楚，部件上残存有丝线和染料。推测应是参照原织机制作的缩小模型（图1-17）。初步可以推断为蜀锦织机。织机上的彩色丝线说明了这是先染后织、经丝显花的织锦，但为几色经锦还需要深入研究。此次考古发现是目前出土的最完整的早期提花织机实物资料。

图 1-17　老官山汉墓 M2 北底箱出土丝织作坊方位图

出土的提花机结构明显复杂得多（表 1-1）。总体来看，这四台织机都属于多综式提花机，就是用多片综片来进行提花，织出的图案往往呈扁长形，正与战国到汉代的织锦图案相一致。其中一部织机（编号 186）略大，尺寸是长 85 cm、宽 26 cm、高 50 cm；其他三部织机（编号 189、190、191）略小：长 63 cm、宽 19 cm、高 37 cm。但四台织机的传动方式却可以分为两类，出土织机 186 号为一类，我们称之为"滑框式"，190、191、192 号为另一类，称之为"连杆式"。

表 1-1　四台提花织机模型相关参数

编号	方位	尺寸 /cm	类型	格栅数	横木条	圆榫头	方榫头
186	东北	长 85、宽 27、高 50	滑框	19	5	3 对 6 支	4 对 8 支
189	东南	长 67、宽 19.6、高 36	连杆	13	4	3 对 6 支	2 对 4 支
190	西北	长 64、宽 > 19、高 37	连杆	12	现存 2 个	3 对 6 支	2 对 4 支
191	西南	长 63、宽 20、高 36	连杆	12	4	5 对 10 支	

与织机伴出有 15 件彩绘木俑，从俑的不同身姿和身上不同铭文推测有可能为司职不同的织工，应是汉代蜀锦纺织工场实景模拟再现。其中有 4 个带须木俑坐着，露出脚，穿着鞋，像是用脚踩织机的踏板，应该是男性织工。其余木俑均为女性，姿势各异，手势不一。其中 4 人为跪坐，左右手各有高低，应该为摇纬络丝之工。另有 8 人为坐姿，说明她们可能分属不同的技术工种和工序，暂时未能判断其工种性质，需要复原再研究。但这些木俑却为考古发现的提花机提供了较准确的比例依据。织机的比例应该和人物的比例相仿。如木俑的高度为 26～30 cm，与真人间的比例为 1∶6，则织机模型与原大织机间的比例也

应该是 1∶6。

出土的其他工具还有以下几种。

（1）整经工具：1套。包括经耙、溜眼和交橄。经轴是由两根大木构成，上面各有短木插在上面，形成一对，一根上有 20 耙，另一根上有 19 耙。溜眼是一根长杆，其上有弯勾 22 个。交墩是在一个木质底座上安插 2 根木棒。

（2）摇纬工具：纬车 2 架。

（3）络丝工具：络座 3 组。

由于成都老官山汉墓属于饱水墓葬，出土的织机模型及相关纺织工具均为竹木材质，出于文物保护的目的，在现场考古发掘完成、提取相关文物后，需要迅速进入文物保护流程，织机模型被拆散后浸在脱水试剂中进行缓慢脱水。对老官山汉墓出土的纺织工具模型调研于 2014 年 7 月进行。此时的野外考古工作已结束，所有纺织工具已处理后统一保管于库房。因工具多为木质或竹质，且全部浸泡在脱水试剂之中，搬动时需专职人员操作，如将纺织工具从水中取出进行测绘，一是时间不能过长，否则文物会因脱水而受损；二是不能近距离全方位详细测量。由于时间限制和出于对文物保护的考虑，纺织工具的初步测量数据均来自成都博物馆提供的绘制图稿。

M1 出土了汉武帝时期"五铢"钱，从墓葬形制和其他出土遗物分析，推测其时代在汉武帝时期。M2、M3、M4 出有西汉"半两"钱，且 3 座墓葬的形制和出土器物均与凤凰山木椁墓非常接近，其年代推测在西汉景帝、武帝时期。尽管墓室被盗，但从墓葬形制和出土的重要遗物分析，这里应是一处有较高等级的西汉木椁墓地。M1 出土的漆器上有"景氏"铭文（图 1-18），文献记载景氏曾为楚之望族，西汉初年景氏贵族迁至关中一带，此后景氏一支又迁入蜀地，墓主应与此有关。M2 出土 4 部织机、M3 出土医简等遗物，这对了解墓主身份提供了重要线索。

图 1-18 老官山汉墓 M1 出土带有"景氏"铭文的漆器

此次发掘出土的大量西汉时期简牍，为四川地区首次发现，使成都地区成为我国又一处重要的汉代简牍出土地。从出土的九部医书的内容分析，部分医书极有可能是失传的中医扁鹊学派经典古籍，为中医发展史研究的重大发现。出土的完整漆人体经穴俑，应是迄今我国发现的最早、最完整的经穴人体医学模型，与墓葬出土经脉医书相对照，对研究中华医学经脉针灸理论的起源和发展具有重要意义。出土的四部织机模型，应是前所未见的蜀锦提花机模型，是我国迄今发现的唯一考古出土信息明确、本体结构完整的西汉时期的织机模型，对于研究中国乃至世界丝绸纺织技术史都有着重大的意义。

1.4　项目设计

于是，赵丰团队在国家文物局的指导下，受成都文物考古研究院的委托，开始进行成都老官山汉墓出土汉代提花机的研究。随后又受新疆维吾尔自治区文物局的委托，开始对"五星锦"进行复原，最后我们把这两个相连的项目拼起来，合成一个称为"汉机织汉锦"的连续项目。

1.4.1　研究内容

1）成都老官山汉墓出土织机模型及相关文物的整理和测绘

赵丰团队以成都老官山汉墓出土的四台织机模型及相关文物为主，全面收集汉代考古发现的纺织品文物以及与纺织工具相关的文物资料，对出土的四台织机模型及相关文物进行整理和测绘，包括织机部件、整经摇纬等辅助工具、进行纺织生产的各种木俑等。

2）成都老官山汉墓出土织机模型的复原

团队在整理和测绘出土织机模型及相关文物的基础之上，分析检测老官山汉墓出土织机上的丝线、色彩，以及与织机部件相关的各种材质，再以老官山汉墓出土织机模型为原型，科学复制出形貌和材质基本相同的织机，以及整经、摇纬、织造等整个场景。

3）汉代提花织造技术的复原及"五星锦"的复制研究

由于多综织机在汉代文献中多有提及，且在成都汉墓中有其模型出土，所以团队选择用多综织机复制"五星锦"。

为此，项目组在织机模型复制研究的基础上，首先制作了一台符合实际且具有原始尺寸的织机以及整经、摇纬等准备工具；然后基于历史与背景研究的成果，分析选取具有代表性的蜀锦文物，制订技术路线和技术参数；最后利用这一织机及其装造复制出典型的蜀锦织物。

4）汉代提花织造技术的三维（3D）展示

根据前期复原复制研究制作出的织机模型以及切合实际的织机，项目组制作了一套3D展示系统，完整、详细展示蜀锦织造的工作原理以及织造技术，并且设置一些可以让观众互动感受的场景或界面。

5）综合研究

项目组收集了有关蜀锦及其织机的古代文献，以及相关内容的文物、遗址的资料、研究论文等，对相关地区尚存的织机进行了调查研究，并进行了分类整理和分析；针对汉晋时期出土的织锦进行研究，分析其组织结构、图案尺寸、色彩运用及可能采用的织造工艺，探索蜀锦的主要类型和风格特征，以说明中国古代汉机织汉锦的伟大技术与艺术成就。

1.4.2　技术路线

在全面总结前人、国内外同行及项目组研究成果和实践经验的基础上，赵丰团队以科学理念为指导，将社会科学与自然科学相结合，对汉代蜀锦纺织织造技术及其相关背景进行了深入挖掘与全面展示（图1-19）。

（1）全面检索汉代纺织科技相关文物出土的情况、民间（特别是少数民族地区）传统纺织工艺保存的情况，并检索汉代纺织技术的文献与图像资料。

（2）全方位认真细致地整理测绘出土纺织工具及其相关文物，科学合理地分析并整合各个部件，结合成都老官山汉墓出土的织机模型，全方位科学合理地分析老官山汉代织机模型的结构；等比例复制再造整个出土场景。

（3）结合织机模型的复制，制作一台符合实际且具有原始尺寸的织机，同时包括整经、摇纬等准备工具；并利用这台织机进行装造，准备用于"五星锦"的复制。在复制过程中，探索研究汉代提花织机的织造技术。

（4）利用研究和复原的成果，制作一套3D展示系统，完整、详细地展示蜀锦织造的工作原理以及织造技术。

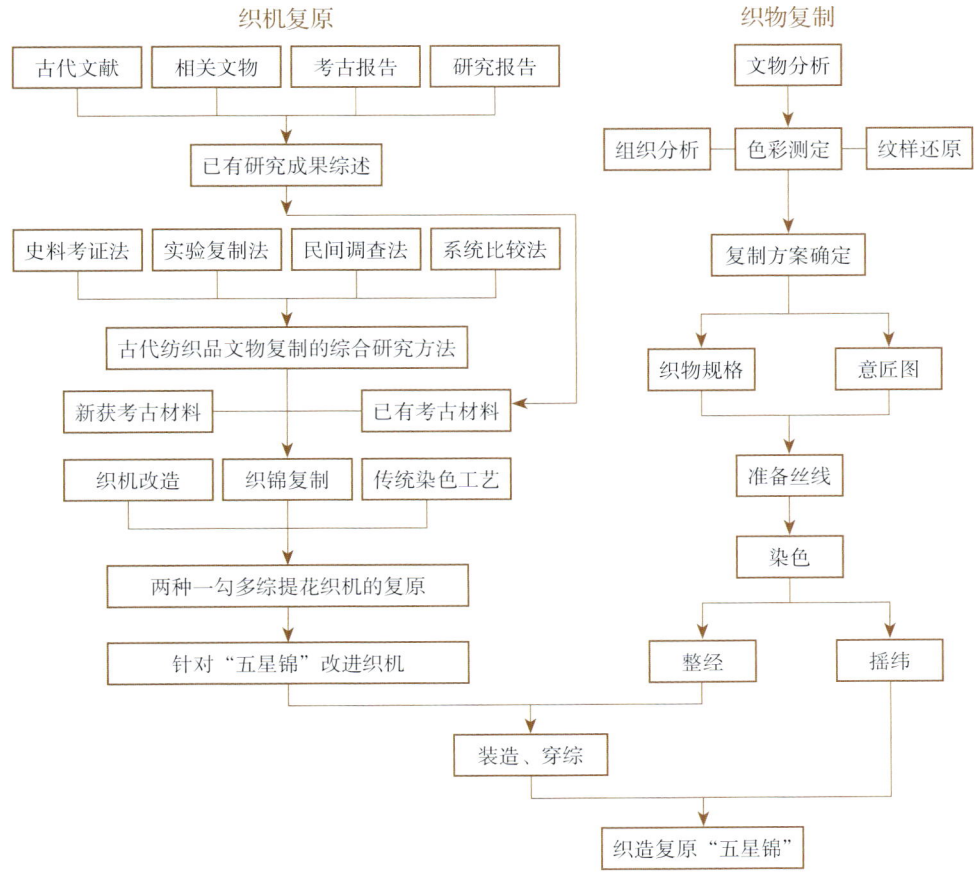

图 1-19 "汉机织汉锦"项目技术路线图

1.4.3 项目的创新点

1）首次复原汉代提花机

此次成都老官山汉墓出土的四台织机模型及其相关文物尚属首次，单就织机而论规模空前、年代久远，填补了中国古代科技史和纺织史的重要空白，对于古代中国提花织机和提花织造技术的发明时间与脉络的确定具有重大且深远的意义。本项目通过一系列复制复原研究，第一次再现了汉代提花织机及其纺织技术，借此还可解决学术界关于汉代提花织造技术的争论。本项目也是第一次尝试以出土的织机模型为母型来复原切合实际的实用织机，并利用这一织机复制汉代提花织物。

2）首次用汉代的提花机织造五色汉锦

包括两点：其一是首次将多综织造技术应用于五色经锦的复制研究中，对于理解古代中国提花织机和提花织造技术的发展脉络具有重大且深远的意义。

其二是使用天然植物染料与传统染色工艺制作经线原料，尝试复原汉代五色经锦的植物染色工艺。

3）解决汉代织锦技术的工艺难点

研究遇到的最大难点在于准确客观的复原。复原涉及纺织品复制和织机的复原两部分，两者相互关联。四台织机模型由于年代久远、潮湿的埋藏环境以及近期地震等自然灾害的影响，出土时已经不是当年埋藏入土的原貌，织机几乎已经散架，上面原有的纱线都已不存，在复制和复原的研究过程中必须遵循最少添加原则，尽最大可能恢复到原有状态。

截至目前，真正用多综多蹑织机，一个人独立操作织出经锦的，在国内外都无先例。最难解决的问题是最后一片综距离织口太远，需要提经的高度太大，加上提经数量又多，提经重量达百余千克，完全不可能由一人操作，取巧的方法是机侧一人将最后一片综提起一定高度，穿入豁丝杆，两人抬经慢慢向前传递开口，这种做法勉强可织，但没有织造效率。如缩短最后一片综到织口的距离，必减少综片厚度，削弱综片强度，又将使之无法承受经线的提升力。解决这对矛盾是织机设计、装造设计的技术关键。

参考文献

[1] 赵宾福. 辽西山地夏至战国时期考古学文化时空框架研究的再检讨[J]. 边疆考古研究, 2006（5）：36-37.

[2] 湖北省荆州地区博物馆. 江陵马山一号楚墓[M]. 北京：文物出版社, 1985.

[3] 湖南省博物馆. 长沙楚墓[M]. 北京：文物出版社, 2000.

[4] 徐长青, 余江安, 杨庆松, 等. 江西靖安李洲坳东周墓发掘简报[J]. 文物, 2009（2）：4-17.

[5] Jacob-Friesen K H. Rudenko, S I: Der zweite Kurgan von Pasyryk[J]. Nachrichten aus Niedersachsens Urgeschichte, 1956(25): 64-64.

[6] 新疆维吾尔自治区文物事业管理局, 等. 新疆文物古迹大观[M]. 乌鲁木齐：新疆美术摄影出版社, 1999.

[7] Stein A. Innermost Asia; detailed report of explorations in Central Asia, detailed report of explorations in Central Asia, Kan-su and Eastern Īrān, carried out and described under the orders of HM Indian Government[M]. [S.l.]: Clarendon Press, 1928.

[8] 甘肃省博物馆, 敦煌县文化馆. 敦煌马圈湾汉代烽燧遗址发掘简报[J]. 文物, 1981（10）：1-8, 97-99.

[9] 甘肃省博物馆. 武威磨咀子三座汉墓发掘简报[J]. 文物, 1972（12）：9-23.

[10] 鲁金科. 匈奴文化与诺彦乌拉巨冢[M]. 北京：中华书局, 2012.

［11］俞伟超.两代精绝王［A］// 赵丰.沙漠王子遗宝［M］.香港：香港艺纱堂 / 服饰出版社，2000：18-21.

［12］侯灿.楼兰古城址调查与试掘简报［J］.文物，1988（7）：1-22.

［13］Loubo-Lesnitchenko E. Chinese silk embroidery from Noin-Ula[J]. Artibus Asiae, 1963, 26(3/4): 181-190.

［14］Riboud K, Loubo-Lesnichenko E. Nouvelles découvertes soviétiques à Oglakty et leur analogie avec les soies façonnées polychromes de Leou-lan-Dynastie Han[J]. Arts Asiatiques, 1973(28): 139-164.

［15］Schmidt-Colinet A, Stauffer A, As'ad Ḫ, et al. Die Textilien aus Palmyra: neue und alte Funde[M]. [S.l.]: von Zabern, 2000.

［16］赵丰.新疆地产绵线织锦研究［J］.西域研究，2005（1）：51-59.

［17］彭浩.楚人的纺织与服饰［M］.武汉：湖北教育出版社，1996.

［18］沈从文.中国古代服饰研究［M］.上海：上海书店出版社，2017.

［19］Kuhn D. Silk weaving in ancient China: From geometric figures to patterns of pictorial likeness[J]. Chinese Science, 1995(12): 77-114.

［20］屠恒贤.战国时期丝织品的研究及复制［D］.上海：东华大学，1983.

［21］赵丰，樊昌生，钱小萍，等.成是贝锦：东周纺织织造技术研究［M］.上海：上海古籍出版社，2012.

［22］国家文物局关于表彰2009年度文物保护科学和技术创新奖获奖单位和个人的决定［EB/OL］.（2010-11-12）［2024-11-01］.http://www.ncha.gov.cn/art/2010/11/12/art_2237_24991.html.

［23］上海市纺织科学研究院.长沙马王堆一号汉墓出土纺织品的研究［M］.北京：文物出版社，1980.

［24］高汉玉，王任曹，黄善华，等.长沙马王堆一号汉墓出土的绒圈锦［J］.考古学报，1974（1）：19.

［25］包铭新.我国明清时期的起绒丝织物［J］.丝绸史研究，1987（4）：21-29.

［26］Stack L. The pile thread: carpets, velvets, and variations[M]. Minnesota: Minneapolis Institute of Arts, 1991.

［27］Sylwan V. Investigation of silk from edsen-gol and lop-nor[C]//Sino-Swedish Expedition (1927-1935). 1949.

［28］梅原末治.モンゴルノイン·ウラ発見の遺物［J］.東洋文庫論集，1960(72): 18-22.

［29］Riboud K. A closer view of early Chinese silks[J]. Studies in Textile History, 1977(1): 252-280.

［30］里布.汉山石鸟树纹锦的详细研究［J］.丝绸史研究，1987（4）：39-43.

［31］Maria Menshikova. Figured silk with rocks, tree, birds and mushrooms from Noin-Ula, a possible interpretation of the subject. reports of the State Hermitage Museum, LXIX[M]. St. Petersburg: State Hermitage Publishers, 2011: 30-35.

［32］彭浩.江陵马山一号墓出土的两种绦带［J］.考古，1985（1）：93-93.

［33］赵丰.马山一号楚墓所出绦带的织法及其技术渊源［J］.考古，1989（8）：75-80.

［34］湖南省博物馆，中国科学院考古研究所.长沙马王堆一号汉墓［M］.北京：文物出版社，1973.

［35］宋伯胤，黎忠义.从汉画象石探索汉代织机构造［J］.文物，1962（3）：23-28，44.

［36］夏鼐.我国古代蚕、桑、丝、绸的历史［J］.考古，1972（2）：12-27.

［37］高汉玉.汉画象石上的纺织图释［J］.丝绸史研究，1986（2）：［页码不详］.

［38］赵丰.汉代踏板织机的复原研究［J］.文物，1996（5）：87-95.

［39］夏鼐.中国文明的起源［M］.北京：文物出版社，1985.

［40］赵丰.中国古代织机研究综述［J］丝路学苑，1998（1）：［页码不详］.

［41］胡玉端.经锦织造技术的探讨［J］.中国纺织科技史资料，1981（1）：41-50.

［42］沈莲玉.中国历代纹织物组织结构、织造工艺及织花机的进展［D］.上海：东华大学，1995.

［43］赵丰.中国传统织机及织造技术研究［D］.上海：东华大学，1997.

［44］谢涛，武家璧，索德浩，等.成都市天回镇老官山汉墓［J］.考古，2014（7）：59-70.

第2章 滑框式提花机

036 汉机织汉锦·老官山提花机及尼雅「五星锦」的复原研究

（a）

(b)

图 2-1　186 号滑框式勾综提花织机模型出土时的情景

(c)

第 ② 章　滑框式提花机

2.1 提花机模型的出土情况

四台织机模型中,其中编号 186 的织机模型较大(图 2-1),长 82 cm、宽 28 cm、高 48 cm,出土时为饱水状态。由于其浸泡于水中,在发掘清理过程中水位发生变化,底箱中漂浮的文物下沉后对其结构造成一定的影响,一个木俑落在了机架之间,织机模型上的一些综片和提综横挡也发生了错位或脱落。并且,在发掘过程中迅速发生的脱水也导致一些细小薄弱的木构件发生了变形。但是,织机模型文物总体保存完好,结构较为完整。

成都老官山汉墓 M2 北底箱共出土四台织机模型,这些模型由竹木构成,结构复杂、清楚,部件上残存的丝线和染料为我们提供了直接的纺织材料证据。

鉴于这些织机模型和纺织工具属于饱水墓葬出土的有机材质,因此在野外考古工作结束后,它们必须立即进入细致的文物保护流程。这一过程中,织机模型被谨慎地拆解,并浸泡在特制的脱水试剂中,以缓慢而有效地去除水分,防止因快速干燥导致的损坏。

2014 年 7 月,当考古队对这些纺织工具模型进行初步调研时,所有工具已经经过初步处理,并被妥善保管在库房中。由于这些工具多为木质或竹质,并且仍然浸泡在脱水试剂里,因此它们的搬动和处理需要由专业人员进行。在进行测绘时,研究人员面临着两方面的挑战:一是必须在不造成进一步脱水损伤的前提下,限制文物出水的时间;二是由于文物的脆弱性,无法进行长时间的近距离全方位详细测量。因此,纺织工具的初步测量数据主要依据成都博物馆提供的绘制图稿。

随着研究工作的不断深入,研究人员对这些纺织工具的形制、尺寸等进行了仔细的核对和补充,针对出土的四台织机模型及相关文物进行了系统的整理和精确的测绘,这包括织机的各个部件、整经摇纬的辅助工具,以及用于纺织生产的多种木俑。通过这些工作,研究人员已经成功绘制了四套详细的测绘图纸,为后续的研究和复原工作提供了重要的基础。

这些测绘图纸不仅记录了织机模型的精确尺寸和复杂结构,还展示了汉代织造技术的精细和先进。通过对这些图纸的分析,研究人员能够更好地理解织机的工作原理和纺织工艺的流程,进而为复原古代织造技术提供了可能。

2.2　186号模型的测绘

由于织机模型文物为竹木材质，如果在发掘之后任其自由变干，会因为脱水过快而损坏，所以需要经过漫长的脱水处理过程。织机部件具体尺寸测绘工作是在脱水过程中进行的，有些木构件并未全部分离。同时，需要说明的是本书下文中所有测绘数据的单位均为厘米。有关186号滑框式一勾多综提花织机的测绘情况说明如下。

2.2.1　机架

机架即机身（图2-2），是整个织机的基座，由两个机架横梁、四个机腿、两个兔耳、两个经轴托架、两个兔耳横挡、四个滑框支架（图2-3a～j）组成。

图2-2　机架

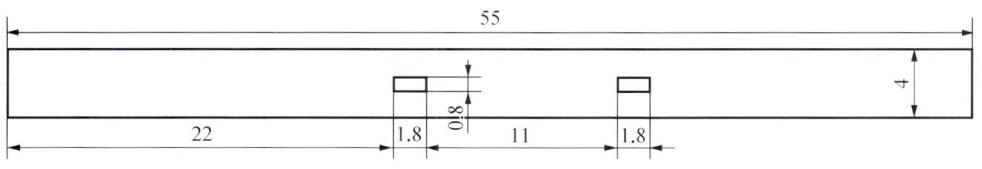

（a）机架横梁186-⑧21*（共两个）

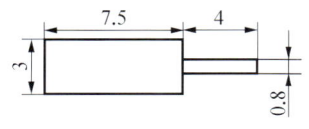

（b）机腿186-⑦18（共两个）

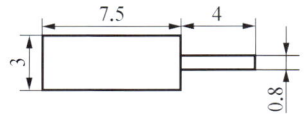

（c）机腿186-⑦19（共两个）

---

* 图（a）中，⑧21为对部件进行测绘时的考古编号，由成都文物考古研究院提供。以下类似同。

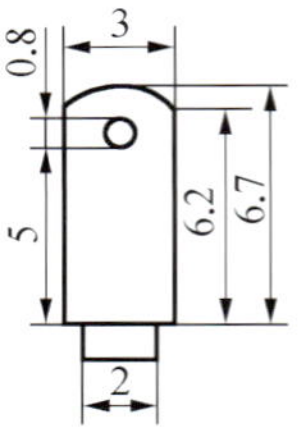

（d）兔耳 186-⑥ 16（共两个） 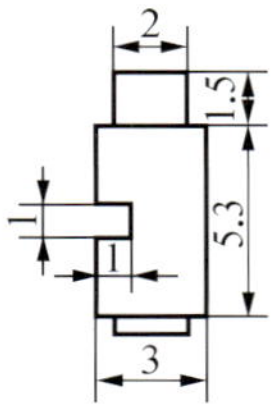　　　　（e）经轴托架 186-⑥ 17（共两个）

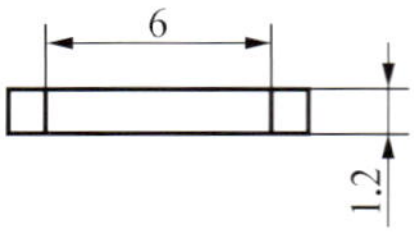

（f）兔耳横挡 186-⑥ 15（共两个） 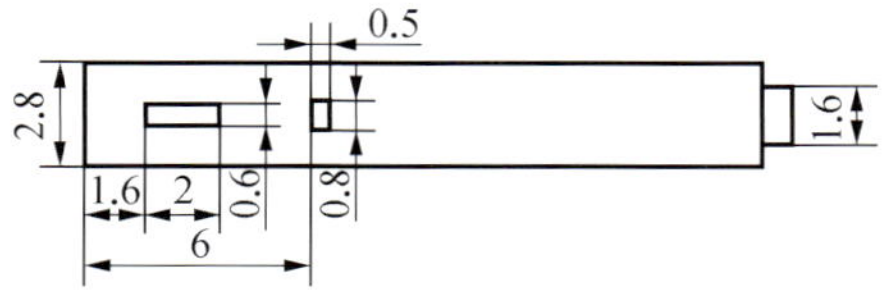　　　　（g）滑框支架 186-④ 12（共一个）

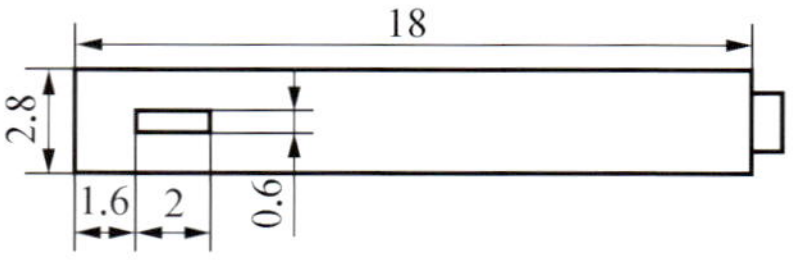

（h）滑框支架 186-④ 13（共一个）

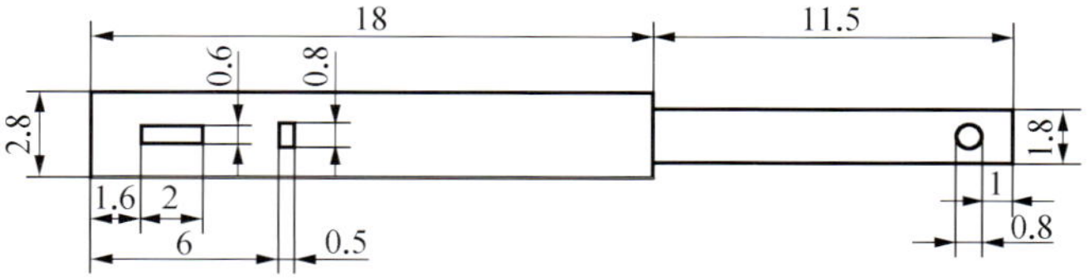

（i）滑框支架 186-⑤ 14（共两个）

（j）机架横挡（共两个）

图 2-3　整个机架的测绘图（单位：cm）

2.2.2　滑轮

滑轮（图 2-4）是通过滑轮销子（图 2-5）固定在滑框支架之上，通过滑轮将两片地综连接起来，形成互动式的综框，通过经线与综线的组合形成织物的地部平纹组织。

图 2-4　滑轮 186-④ 10（共三个）

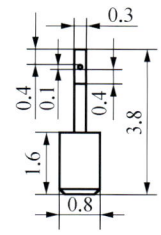

图 2-5　滑轮销子 186-④ 11（共三个）

2.2.3　中轴提花踏板

中轴提花踏板（图 2-6）与较长的滑框支架底端连接固定，中轴两端凸出的榫头正好嵌入滑框支架的圆孔之中，可以实现自由转动，这样另一端的木杆在中轴的转动作用下形成上下运动进而顶起整个滑框。踏板通过榫头嵌入中轴之上，但有一个大约 30° 的倾斜角度，一是形成一个省力杠杆，可以更轻松地踩下踏板；二是利于织工踩下踏板之后能够轻松维持一段时间，便于在形成织口之后进行引纬打纬。

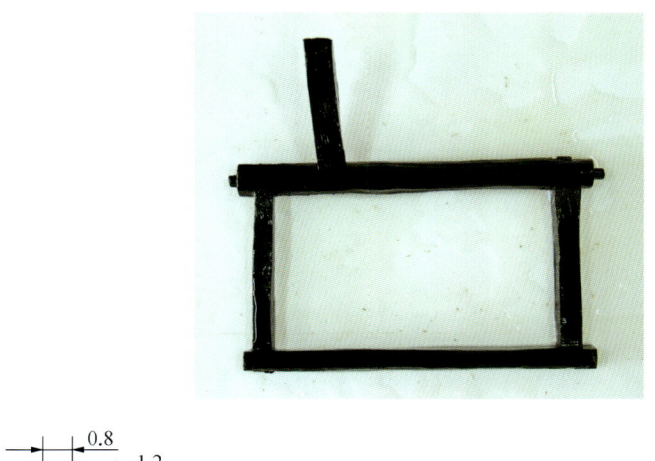

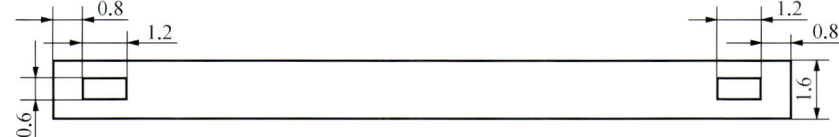

图 2-6　中轴踏板 186-④ 11-5（共一个）

2.2.4　地综踏板

地综踏板由机前两个机腿之间的下部横挡作为底座（图 2-7），两端通过榫头连接机前左右两个机腿，中间开有一孔，其中嵌入地综踏板支架（图 2-8），支架中间有两个方槽，方槽之中正好放置两个地综踏板（图2-9），地综踏板的一端开有圆孔，通过在支架上的圆孔插入一根圆杆将两个地综踏板与支架进行衔接固定。

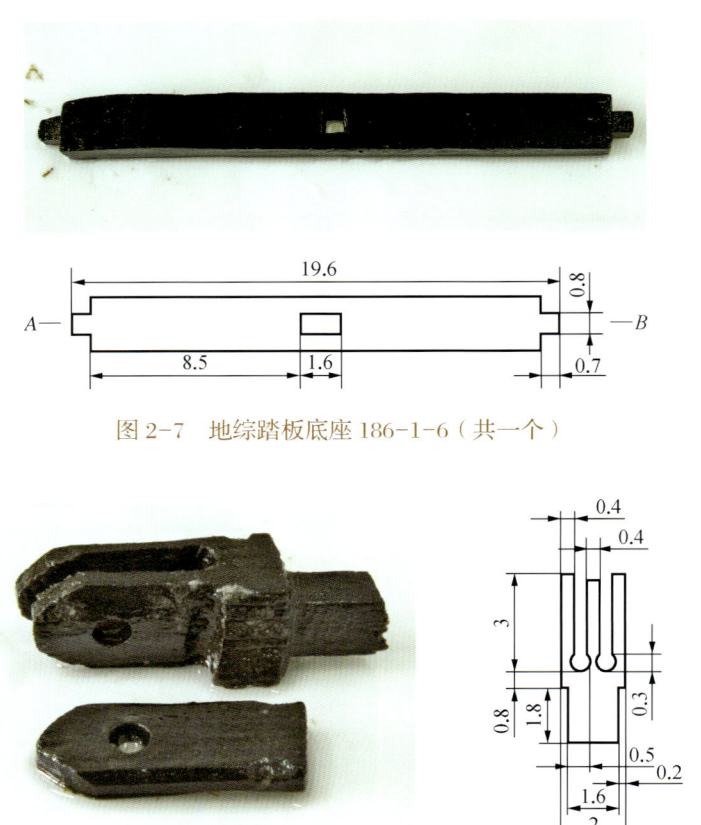

图2-7　地综踏板底座186-1-6（共一个）

图2-8　地综踏板支架186-1-7（共一个）

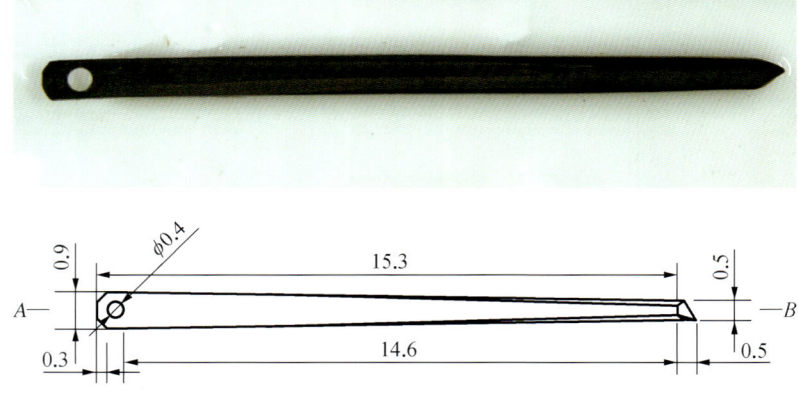

图2-9　地综踏板186-1-8（共两个）

2.2.5 经轴及支架

经轴(图 2-10)由一根方形木杆和穿在其上的两个圆形木片组成(图 2-11a),与后世的经轴形式差异较大,方形木杆放入机架上经轴托架的方孔之

图 2-10 经轴及支架

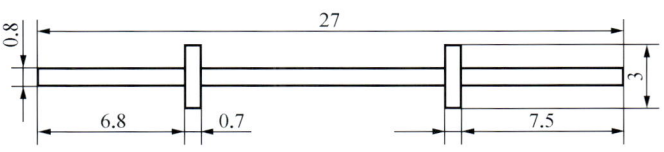

(a)经轴 186-③小箱 7(共一个)

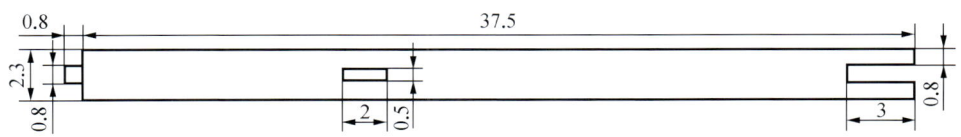

(b)经轴横梁 186-2-1-1(共两个)

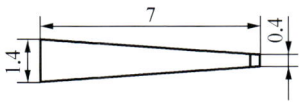

(c)张力销子 186-2-1-2(共两个)

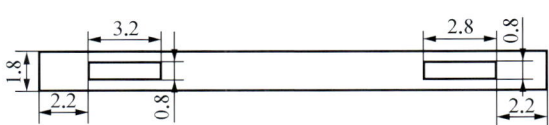

(d)张力横杆 186-2-1-3(共一个)

图 2-11 经轴及支架的测绘图

中，正好能够防止经轴转动。支架由经轴横梁（图2-11b）、张力销子（图2-11c）、张力横杆（图2-11d）等组成，张力销子一端窄一端宽，通过上下滑动可以对整个经线张力进行调节。

2.2.6 滑框及支架

滑框由底部的一个顶杆（图2-12）和另外三个木杆（图2-13）通过榫卯相连，构成一个方框，在织机左右两侧各有一个，嵌入机架上滑框支架的方槽之中，这样在上下提综运动中不至于滑脱。

图2-12 滑框顶杆186-⑦20-1（共两个）

图2-13 滑框部件（共六个）

2.2.7 栅栏

栅栏由四个横梁（图 2-14）、两个支架（图 2-15）、若干个提升片（图 2-16）和栅栏木杆（图 2-17）构成，栅栏横梁上开有若干个圆槽，两个横梁之间的圆槽正好卡住栅栏木杆，木杆之间放置提升片，这样提升片可以在栅栏木杆之间

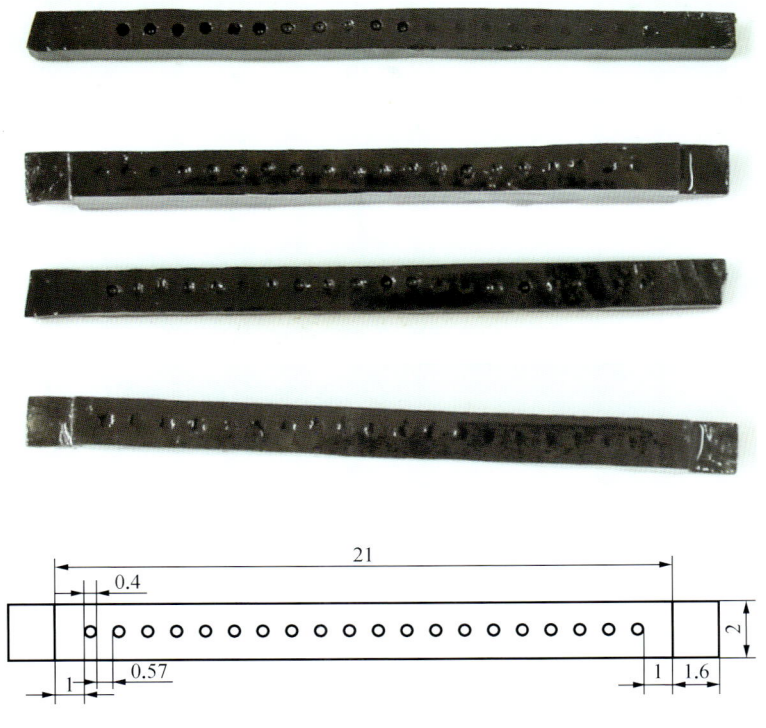

图 2-14　栅栏横梁

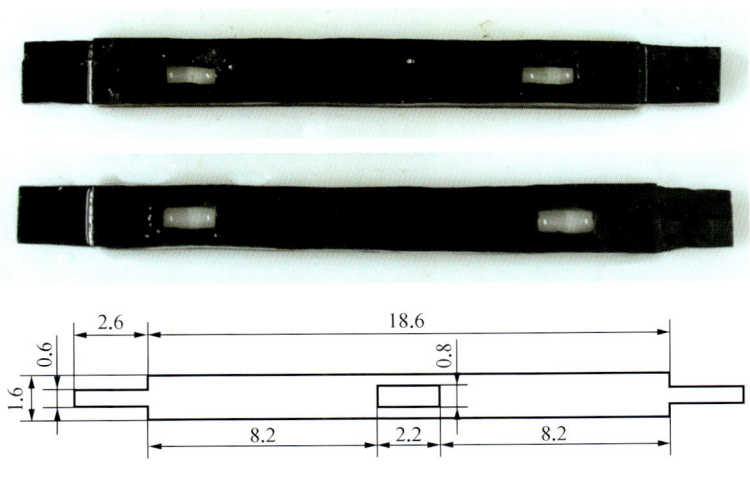

图 2-15　栅栏支架

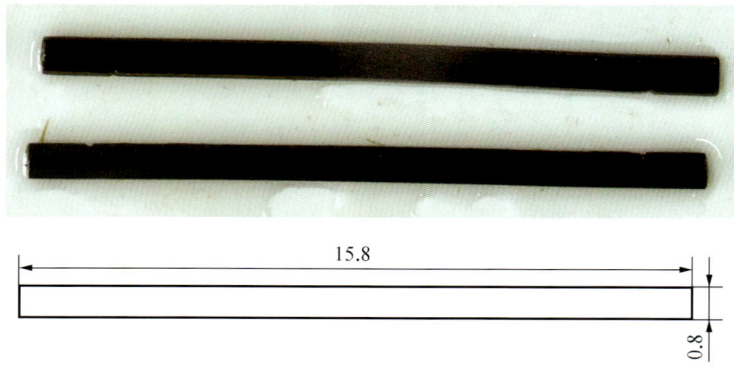

图 2-16 提升片

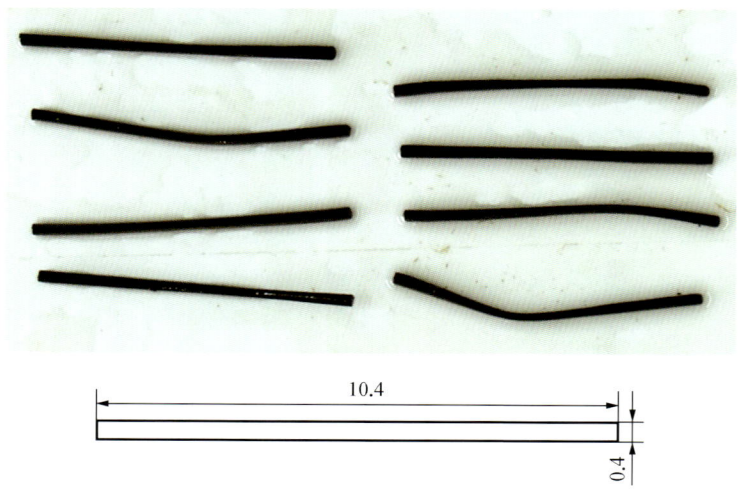

图 2-17 栅栏木杆

的间隙中上下运动,提升片下方通过绳子连接纹综综片,从而完成纹综的起综运动。

2.2.8 选综装置

选综装置由两个横梁支架(图 2-18)、一个双勾支架(图 2-19)、一对双勾(图 2-20)、一个选综杆横挡(图 2-21)和一个选综横梁(图 2-22)构成,横梁支架嵌入在左右两个滑框支架之间的横梁当中,对选综横梁起到左右限位的作用。双勾通过榫卯连接在双勾支架的两端,选综横梁是穿过选综杆横挡中部的方孔,横梁的前端下方做了若干锯齿形处理,织造时通过一个削尖的木杆控制选综横梁的前后运动,达到选择纹综综片的目的。当踩下踏板后,滑框被顶起,滑框将双勾支架顶起,双勾支架带动双勾提升,使得提升片带动纹综综片提升。

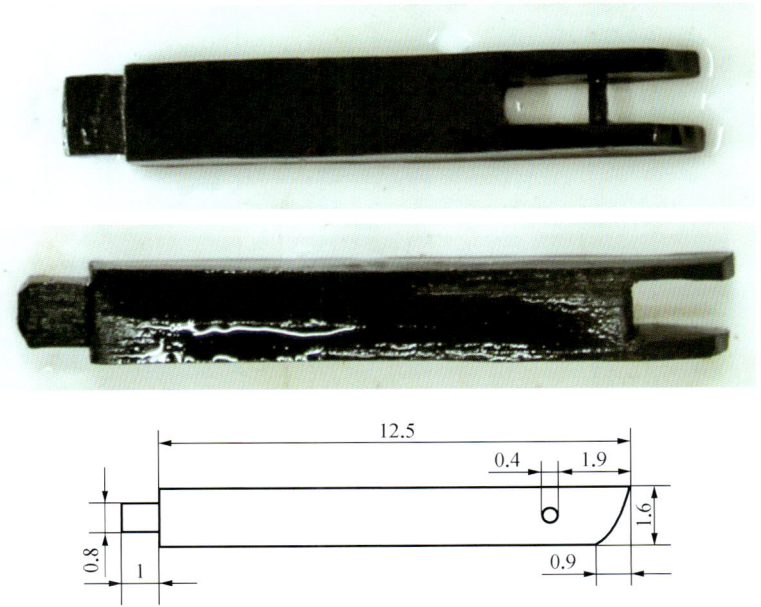

图 2-18 选综横梁支架

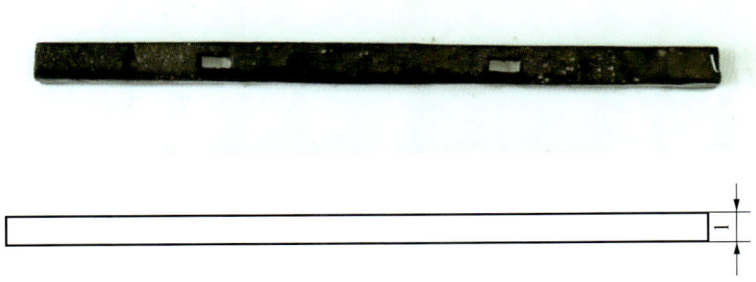

图 2-19 双勾支架

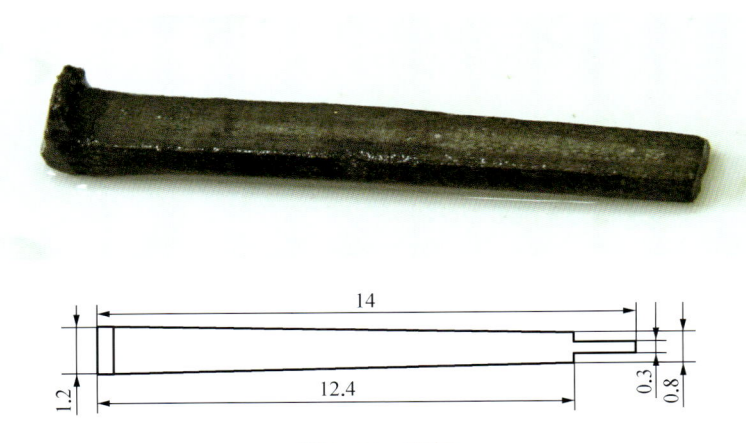

图 2-20 双勾

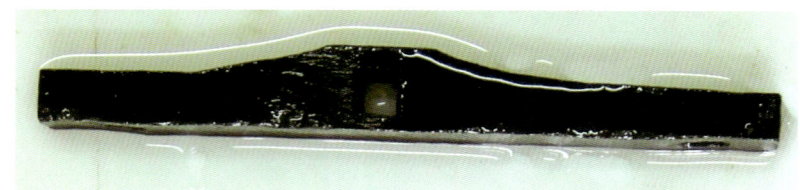
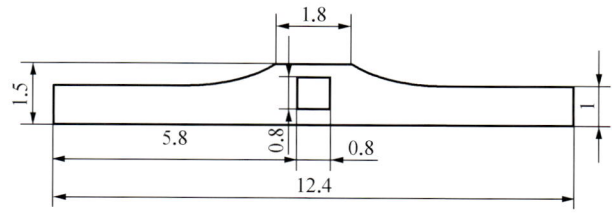

图 2-21 选综杆横挡

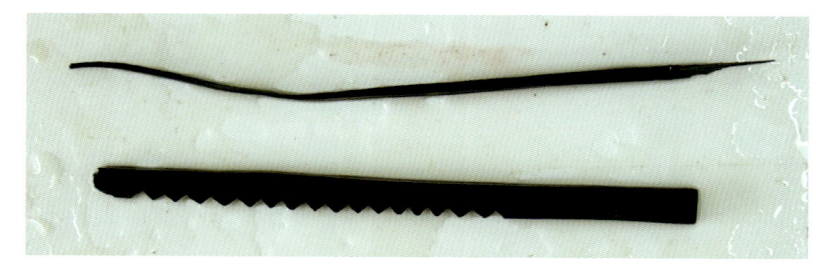
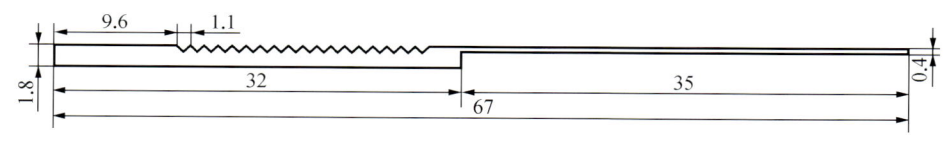

图 2-22 选综横梁

2.2.9 综片

综片是一个由四根木杆组成的方框（图 2-23）。由于模型上的综片本体较小且细，非常脆弱，同时还有很多在出土时已经残缺，后续复原时就以遗存综片的测绘数据的平均值作为依据。

2.3 滑框式提花机模型的装配

成都博物馆提供的测绘数据，为我们在 3dMax 和 AutoCAD 软件中进行三维建模提供了精确的参考。结合对考古发掘现场的照片和视频资料的仔细研究（图 2-1），我们能够重新拼接和组合出老官山出土织机的三维模型。

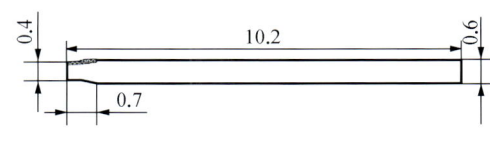

图 2-23　综片

2.3.1　软件建模和装配

首先，我们利用 AutoCAD 软件，根据详细测绘图纸绘制出了织机各个部件的精确二维平面图。这一步骤至关重要，因为它确保了每个部件的尺寸和形状都能够严格地与实际出土的文物相匹配。由于只是用于电脑虚拟建模，所以严格按照文物本体进行了 1∶1 的虚拟复原。

随后，我们将这些二维图形导入 3dMax 软件中，通过软件中提供的工具，如移动、旋转等，将平面图形转化为立体的三维模型（图 2-24）。在这一过程中，我们不断地对部件进行调整和优化，以确保它们在虚拟空间中的组合能够精确地反映出织机的实际构造和工作原理。

在 3dMax 中，我们对模型进行了细致的渲染，生成了滑框式一勾多综提花织机的三维效果图（图 2-25）。这些效果图不仅展示了织机的外观，还揭示了其内部结构的复杂性。通过这些图像，我们可以更直观地理解织机的工作原理。通过这一系列的建模、分析和复原工作，我们不仅在数字世界中成功地重建了老官山汉墓出土的提花织机，还为进一步的研究和展示提供了宝贵的资源。

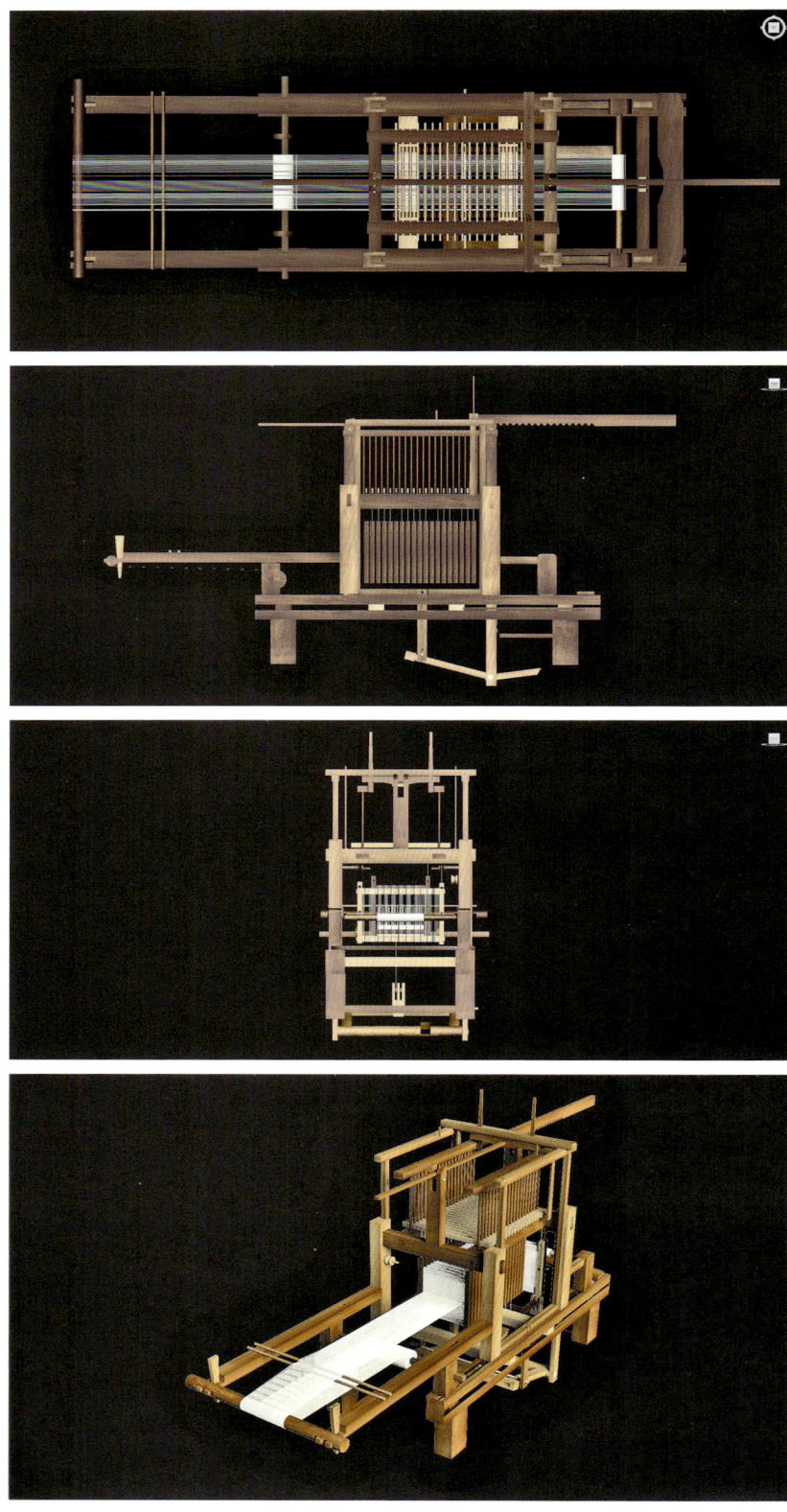

图 2-24　186 号滑框式勾综提花织机的 3dMax 模型

图 2-25　滑框式一勾多综提花织机三维效果图

2.3.2　模型还原与复制

成都博物馆对老官山汉墓出土织机模型的木材材质进行了深入的分析检测（图 2-26）。检测结果显示，织机模型的木材材质相当多样化，这一发现间接说明了当时在制作模型时，原料的选择相对随意，也就是说明古代工匠在制作织机模型时对木材没有特定的需求。

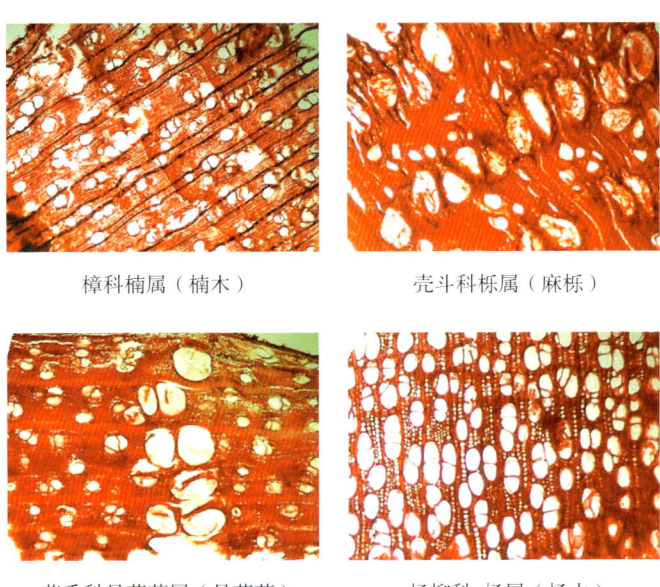

樟科楠属（楠木）　　　　　壳斗科栎属（麻栎）

芸香科吴茱萸属（吴茱萸）　　杨柳科 杨属（杨木）

图 2-26　老官山织机模型木材鉴定

根据测绘图纸和三维模型的复原，首先还原和复制了186号滑框式勾综提花织机的模型（图2-27）。

图2-27　复原的186号滑框式勾综提花织机模型

2.3.3　提花织机的原大复原

老官山提花机的考古发现，为汉代提花织机提供了比例较准确的模型，这个比例与出土俑的比例差不多。出土的木俑有的是光脚坐着，像是脚踩织机的踏板。汉代画像石上的织机多为斜织机，只能织布，而不能织锦，两者所反映的技术不同，而提花机明显复杂得多。出土的四台织机与木俑显示可能属于同一个作坊，俑的手势不一致，操作方式为一人操作一台或者其中一人帮助提花。

为了还原一套具有真实尺寸的织机装配图，我们对出土的四台织机模型以及15个木俑进行了细致的分析。这些木俑为确定织机的比例提供了关键的参考。我们发现，如果木俑的高度与真人的比例为1∶6，那么织机模型与原大织机间的比例也应该是1∶6。这一发现使我们能够准确地放大模型，制作出具有实际织造能力的织机。例如，滑框式勾综织机模型的原始尺寸为长85 cm、宽27 cm、高50 cm。按照1∶6的比例放大后，我们得到的尺寸为长510 cm、宽

162 cm、高 300 cm。这些尺寸与古代传统织机的实际操作尺寸非常吻合。因此，我们根据这一比例放大后的尺寸，成功制作了一台能够实际运作的滑框式勾综提花织机。

2.4 织机的运动原理分析

一般来说，在复原一台传统织机的机构时需要首先考虑的是完成织造工作应有五大运动：送经、卷曲、开口、引纬、打纬。送经与卷曲是原料与成品在经向的传送，引纬和打纬是将纬线输入并且织入织物，而开口则决定了交织的规律、交织的方法，织造中所有的奥秘均在于开口的控制之中，这是中国古代传统织造技术的核心，也是我们分析和复原古代织机时最为重视的内容。并且提花机的开口需要地综与花本相互配合运动，才能织出精美的提花织物。

我们先来看 186 号滑框式勾综提花织机，它有一个四条腿的长方形机架，机架长约 55 cm、宽约 24 cm、高约 12 cm。机架中间有四根立柱支起一个机身，长 25 cm、宽 23 cm、高 18 cm。机身两侧有两片木栅，高约 10 cm，共 19 格。织机的操作以经纬线为主，经线布于机上，纬线由梭引织入。机上与经线相关的有三个系统：

（1）送经和卷布。机架前端有两个兔耳，高 6～7 cm，以承织轴；机架后端也有两个兔耳，以承经轴。但为了加长经线的长度，又在机后伸出一支架，长达 24 cm，以增长经线。送经和卷布全靠手动。

（2）地综。机架前柱之上，可见附有一滑轮，上挂两片综，作为地综。机架前柱下有一横挡，上有轴承，可承两根踏脚杆，分别连于地综下方，踏下一杆，拉下一综，则提起另一综。

（3）提花综片。这是织机上最为复杂的系统，机上共有 19 片提花综，各高 10 cm、宽 9.5 cm，用竹制成，分别位于机架上的木栅格之中，被木栅所限定，只能在木栅的空间中上下运动。提花综片由机架座前柱底部的中轴式踏板传动。中轴式踏板的轴被固定在前柱底部，踏板在前，由织工踏下，中轴转动，另一端顶起位于机架两侧的连动机构。186 号的连动机构是一个滑框，滑框通过四根机架柱上的凹槽作为导轨向上运动，顶起位于机顶的一根横梁（与纬线方向一致），横梁两端各接一个提综勾，可以提起悬挂的某一片综片。至于选综位置，则由架在机顶的一根齿形直梁（与经线方向一致）前后运动来确定。这一运动，可由织工本人用手操作，也可由专人在机旁操作。

另外三台织机均比186号小，但类型与186号基本相同，只是连动机构是一根带有提勾的连杆。当织工踏下中轴式踏板时，中轴的另一端顶起位于机架两侧的连杆。连杆的中部有一斜勾，可以抬起提花综片，但其上端与机顶横梁相连，横梁则由齿形直梁带动前后移动，使得连杆在前后摆动，以选择提花综片。

所以，这四台提花织机总体可称为一勾多综提花机，前者可称为滑框式一勾多综提花机，后者可以称为连杆式一勾多综提花机。以下给出滑框式一勾多综提花织机的机构解析。

根据搭建的模型，并结合传统纺织机械的一般性结构，首先可以清晰地分解出机架、经轴、卷轴等固有部件。图2-28中的红色部分是织机的机架，用于支撑织机的主要部件。黄色部分是承载滑框的导槽，以及支撑蓝色部分栅栏的重要部件。

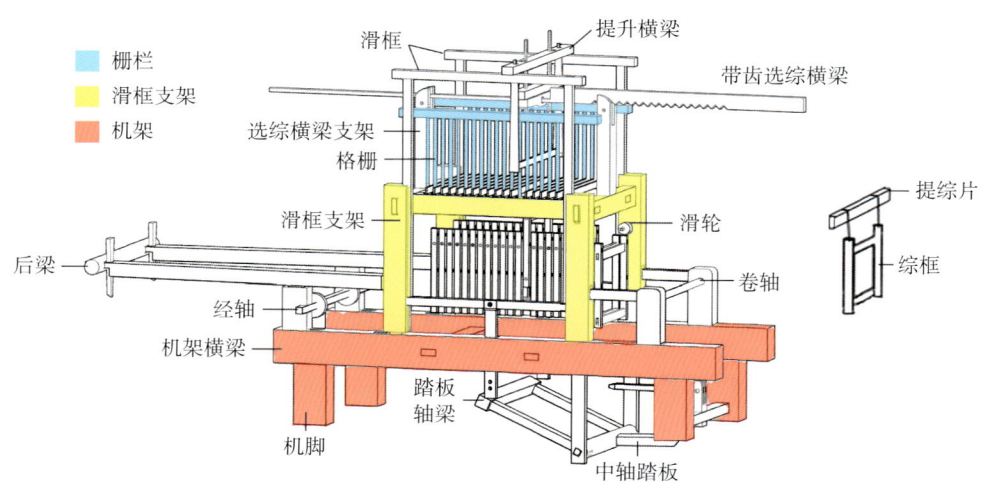

图2-28 滑框式勾综提花机结构图

从考古发掘现场的照片中可以看到，还有几个长方形综框仍然悬挂在织机中部（图2-29）。这类综框与现今传统提花织机的综框一样，我们称之为综桄，也可称之为综片，由综线和综框构成，综线圈绕固定在综框之上。经线穿过综线形成的综口可以被提升，形成相应开口。

图 2-29
滑框式勾综提花织机的局部

  成都老官山汉墓出土的多综式提花织机有自身特点，地部织造部分的综片是由机架前柱之上附有一对滑轮上挂两片综作为地综（图 2-30），是一种互动式地综，形成平纹地部组织。机架前柱下有一横挡，上有轴承，可承两根踏脚杆，分别连于地综下方，踏下一杆，拉下一综，则提起另一综。

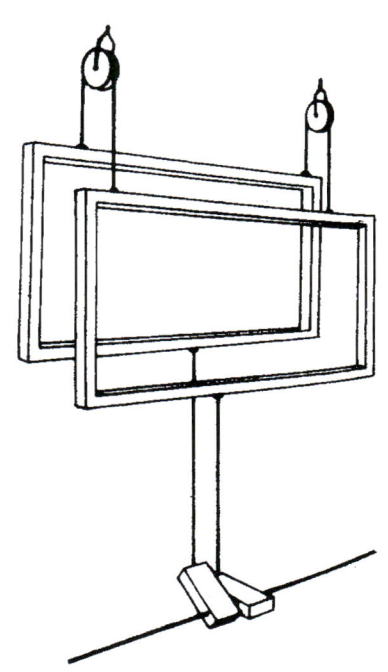

图 2-30
互动式地综

提花织造部分的综片与动力提升机构之间不是直接相连的,而是将每一个综片通过绳索与对应的一个提升片连接,在综片提升时,作用力首先由提升片承受(图2-31)。

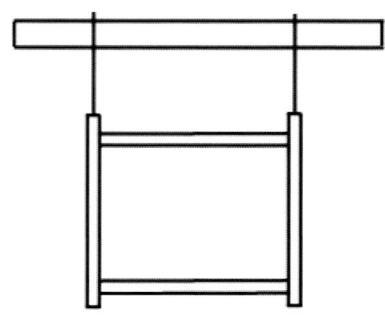

图2-31 提花综片

滑框式一勾多综提花织机的综片是靠一对勾子提升(图2-32),这对勾子固定在一根圆木上,圆木上左右开两孔,从孔中穿过一对引导双勾做上下垂直运动的木片,暂将其命名为双叉,主要起导向和定位的作用。

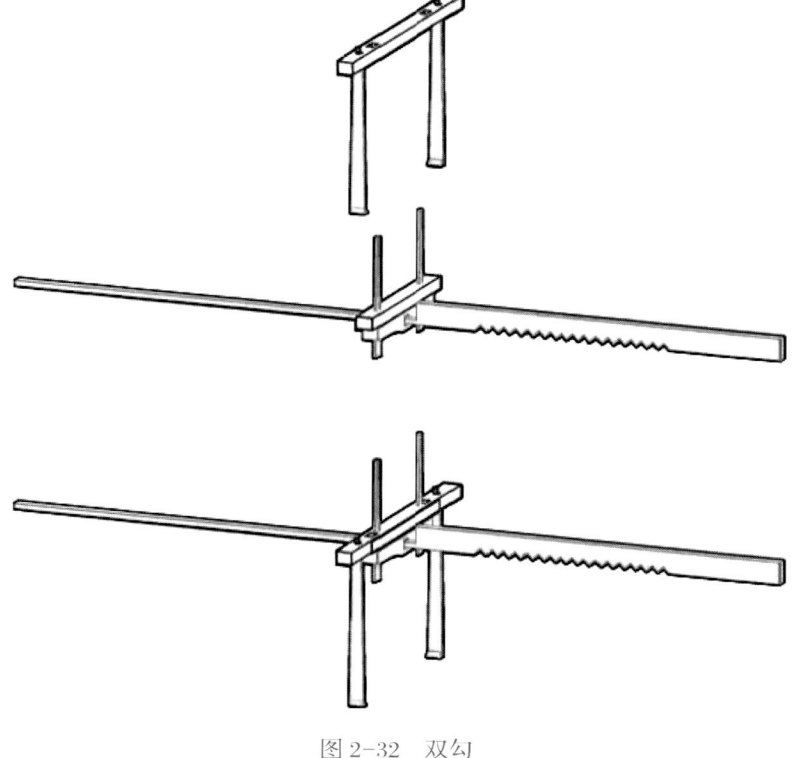

图2-32 双勾

选综装置上可以看到横向有一个带齿的横梁，其齿槽与提花综片的相对位置一一对应，它的作用是在其沿织机前后移动方向上可以准确选择到对应的提花综片，我们称之为选综齿梁（图 2-33）。

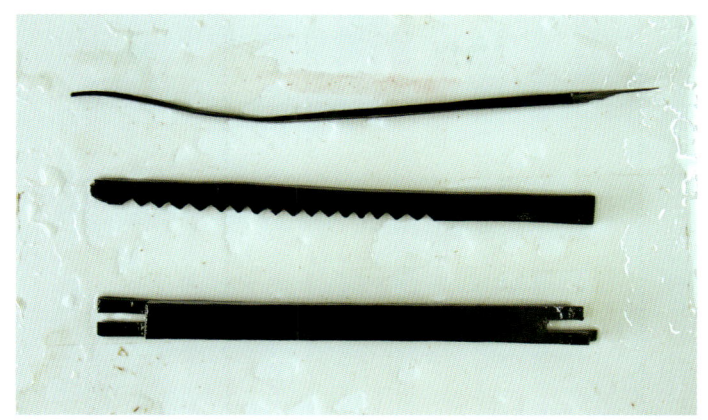

图 2-33　选综齿梁

提花织造部分的提升作用力是通过织工脚踩一个中轴踏板（图 2-34），经过机构顶起滑框，滑框同时向上顶起选综叉桥，叉桥绑定了双勾，双勾就将提升片连接的综片提升起来。

图 2-34　中轴踏板

通过逐个部件的解读与相应的分析研究，根据可操作性放大复原了一台滑框式一勾多综提花织机（图 2-35），并且在织机上成功复制了交龙对凤纹锦，并在中国丝绸博物馆展示。

图 2-35 复原的滑框式一勾多综提花织机

2.5 交龙对凤纹锦的复制

在织机模型复制研究的基础上,根据历史与背景研究的成果,分析选取具有代表性的蜀锦文物,制订技术路线和技术参数,利用复原的织机及其装造复制出典型的经锦织物,以实验考古学的方式研究汉代提花织造技术。

中国丝绸博物馆收藏有战国时期的交龙对凤纹锦残片(图 2-36)。根据实物,借助于放大镜、显微镜、经纬密度仪和标准蚕丝样本可以较为准确地测定以下技术信息。

图 2-36 交龙对凤纹锦残片

2.5.1 织物分析

借助放大镜、显微镜等工具，可知文物经线分色彩不同的甲经和乙经两组，纬线为单色。经纬交织成二重平纹经锦，基本组织有两种：① 奇数纬（地纬）与甲乙经组对交织成纬重平，偶数纬（纹纬）与甲经交织成平纹，甲经浮于织物表面，乙经沉在织物背面，表面色彩由甲经决定；② 奇数纬与甲乙经组对交织成纬重平，偶数纬与乙经交织成平纹，乙经浮于织物表面，甲经沉在织物背面，表面色彩由乙经决定。两种不同色彩的经线根据纹样的要求交换沉浮，呈现图案。

使用经纬密度仪，选择多处结构较完整的织物区域分析经纬密度，进行比较分析和确定，该件文物的经密为120根/cm、纬密为36根/cm。

由于分析的织物对象是文物，故不能采集大量实物称重计算纤度，只能借助显微镜和标准蚕丝样本中接近纤度的丝线做对比，首先确定计算纤度，通过它计算织物平方米重量与文物对比、调整，最终确定经线为3/20/22D桑蚕熟丝，纬线同经线。

根据残片照片中图案的相连位置和实测的中国丝绸博物馆馆藏的交龙对凤纹锦残片尺寸，推算文物内幅为45 cm、外幅为46.5 cm、幅边为0.75 cm。

根据对残片经密检测和门幅的估算，推算总经线数为5 556根，边经为180根，左右各90根。

2.5.2 确定织物的规格和意匠绘制

根据以上测试数据，经综合整理，制定织物的规格，见表2-1。

表2-1　交龙对凤纹锦规格

经线数：	内经数5 376+边经数90×2=总经5 556根			
经线颜色	甲经：浅黄色	乙经：深褐色		甲:乙=1:1
经线长度：		30 m		
经纬规格：	经　60D（3/20/22D） 纬　60D（3/20/22D）	经纬密度	经密 纬密	120根/cm 36根/cm

根据交龙对凤纹锦文物残片，可以清晰描绘出整幅纹样的一个局部，根据出土报告中的各个残片照片，拼合描绘出一个整幅纹样（图2-37），再对照照片对整幅纹样中局部单元进行清晰绘制，图案由写意的龙凤对称互交组成。整个纹样幅宽45 cm，占据整个织物门幅，一个经向纹样长度5.8 cm，纹样经向呈镜对称，一半纹样长度2.9 cm，有纬线104根，根据组织结构确定其中52根地纬，另52根纹纬，经线色彩分褐、米色两种。

图2-37　交龙对凤纹锦的纹样图

意匠图绘制是严格按照图案纹样并结合织物组织结构，将经线的显花规律描绘在意匠格上的过程，也是复制品能否达到与原文物形似和神似的关键。根据原文物组织特点，设定意匠图中每一纵格代表两根经线（一根甲经、一根乙经），纵格数为2 688；每一横格代表二根纹纬，横格数为26。因织物为二重经锦组织，只有两种不同的基本组织，意匠图只用灰白二色，绘制时，首先根据纹样确定各个图案单元在整体中的位置，然后根据文物残片照片对于对应单元进行仔细比对绘制（图2-38）。

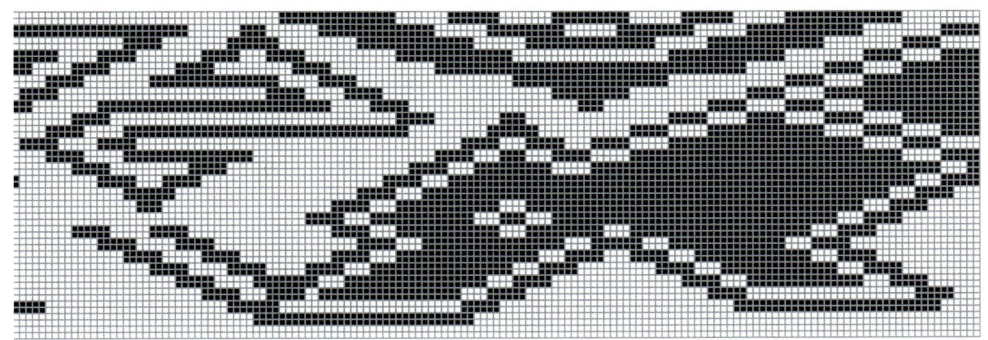

图 2-38　交龙对凤纹锦的意匠图局部

2.5.3　复制过程

1）整经

采用分耙手工整经，整经方法与明代宋应星《天工开物》中描述的一致，其中耙距 6 m，共 4 个来回，整经长度 24 m，上架筒子数为 8 个。

2）上浆

浆经，在丝织中又称浆丝，在古代称为"过糊""浆纱"*。浆纱的目的是改善经线的织造性能，如增大强力、减磨和保伸等。它是织造准备中的重要工序之一。古代早期用生丝织造时，因丝的表面含有光滑的丝胶层，一般不需要上浆。对于轻薄的纱罗和色织练丝（熟丝）织物的经纱以及麻、棉等短纤维纱，则一定要经过上浆。丝织一般采用轴经上浆法；棉纱上浆以绞纱为多；麻纱则用栌刷，边上浆边卷绕于经轴上。因为经锦织物是色织练丝（熟丝）织物，所以要经过上浆改善经线性能。本次复制中我们采用手工刷浆（图 2-39），浆料为明胶，浆液浓度为 4%。

3）装造

汉代多综提花织机是用于织制平纹经锦织物的，这从现今的考古发现中不难看出。经锦是指应用两组或两组以上的经线，以重经组织分别起花形成的多彩丝织物[1]。重经组织是由两组或两组以上的经纱与一组纬纱交织而成的经纱重叠组织，称为经二重组织或经多重组织。重经组织的表、里经纱重叠原理必须具有两个基本的条件：一是组织图中里经经浮点的左右两旁或一旁，一定要

---

* 宋应星《天工开物·乃服篇》中称"过糊"。徐光启《农政全书·蚕桑广类》中称"浆纱"，指棉纱上浆。

图 2-39 上浆

有表经经浮点，必须避免里组织的单个经浮点与表组织的单个纬浮点并列在一起，形成平纹状交织；二是在一个完全组织内，表经的经浮长（或经浮点数）必须大于里经的经浮长（或经浮点数），以使表经较好地掩盖里经；三是表组织和里组织的完全经、纬纱数必须相等或一个是另一个的整数倍[2]。

由于平纹经锦织物组织结构的特点，决定了多综织机的装造方式。地综部分将每一组经线分别穿过前后两个综框，提花部分根据纹样意匠决定是否穿过综口。

经线分甲乙两组，一甲一乙分别穿入一前一后两个带有镜向花本的综环，穿完之后穿入地综。根据织物的具体规格，制定经线穿入综环、地综、筘的关系表，见表2-2。

表2-2 经线穿综、筘关系表

类型		左素边	纹部	右素边	合计
经线数/根	甲经	45	2 688	45	2 778
	乙经	45	2 688	45	2 778
综线环	数量	90	5 376	90	5 556
	每根综线环经线穿入数	1	1	1	

续 表

类型	左素边	纹部	右素边	合计
每片地综线数	23	1 344	23	1 390
每根地综经线穿入数	2	2	2	
筘幅 /cm	0.75	45	0.75	46.5
筘齿 / 羽	8	450	8	466
每羽经线穿入数	12	12	12	
筘号	10	10	10	

根据上述关系表，同时严格依照意匠图将经线依次进行穿综（图2-40），穿完综之后进行穿筘。待经线全部穿好之后，将完成的综片依次与提综片连接起来，进行挂综（图2-41）。

图 2-40　穿综

图 2-41　挂综

4）织造

织机采用滑框式勾综提花织机，织造操作由两人完成，一人操作织机，一人辅助。织造之时，织工有两根地综踏杆、26片提花综可以选择。一个织造开口由分开的两层经线形成,使得梭子中的纬线可以穿过。一个织造循环由四个开口构成,按照步骤一步步循环织造(图2-42)。

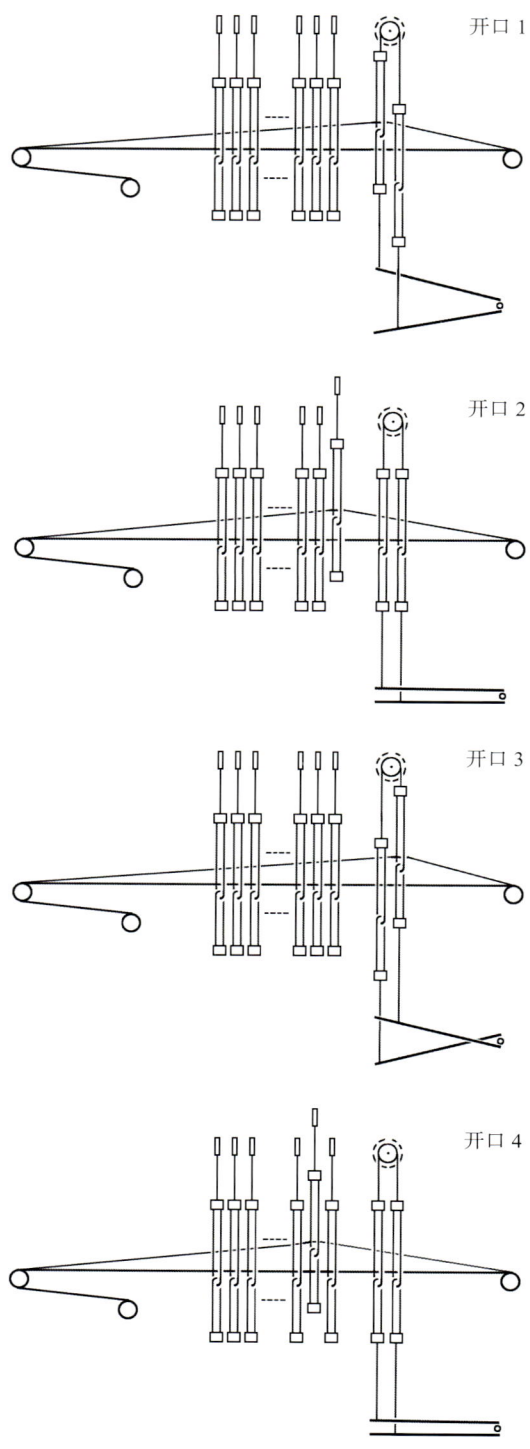

图 2-42 织造步骤示意图

具体过程如下：

第一梭为地部组织，踏下地综踏杆1，提起地综2，压下地综1，织入第1纬，形成平纹地部基础组织。

第二梭为花部组织，移动选综横梁，把勾移到纹综1处，踏下中轴，则抬起滑框，提起纹综1，经线按照第1个纹综中的纹样信息被提起，织入第2纬。

第三梭为地部组织，踏下地综踏杆2，提起地综1，压下地综2，织入第3纬，形成平纹地部基础组织。

第四梭为花部组织，移动选综横梁，把勾移到纹综2处，踏下中轴，则抬起滑框，提起纹综2，经线按照第2个纹综中的纹样信息被提起，织入第4纬。

此后，地综一直是两片之间更换，而提花综则在1~26，此后可以继续是1~26，或26~1。但从当时的情况来看，前一种的可能性更大些。如此循环操作，即可织造出交龙对凤纹锦的复制品（图2-43）。

图2-43
交龙对凤纹锦复制品

参考文献

[1] 钱小萍.中国传统工艺全集·丝绸织染[M].郑州：大象出版社，2005.

[2] 顾平.织物组织与结构学[M].上海：东华大学出版社，2010.

第3章 连杆式提花机

图 3-1　189 号织机模型出土时的情景

图 3-2 190 号织机模型出土时的情景

图 3-3　191 号织机模型出土时的情景

073　第3章·连杆式提花机

除了 186 滑框式一勾多综提花织机之外，编号 189、190、191 三台提花织机同属于连杆式一勾多综提花织机。这三台织机相比 186 号织机略小，长 66 cm、宽 42 cm、高 21 cm，出土时 189 号织机的经轴支架、栅栏格栅和选综机构已经坍塌，190 号和 191 号织机保存较好，只有一些综片和细小部件发生脱落和错位（图 3-1～图 3-3）。综合 189、190、191 号这三台织机模型的测绘数据，可以完整地复原出一台连杆式勾综提花织机。

3.1　190 号模型的测绘

190 号连杆式一勾多综提花织机的测绘分析如下。

3.1.1　机架

190 号模型机架结构有些破损（图 3-4），比较明确的有两个机架横梁、四个机腿、两个横挡（图 3-5a～c）。

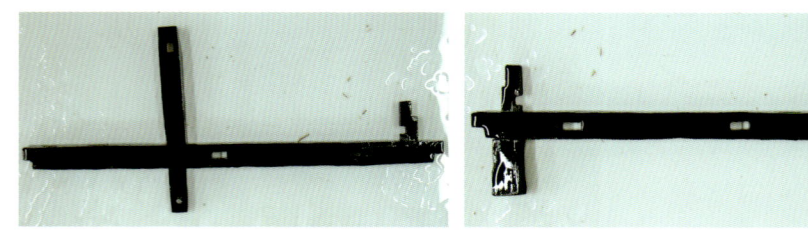

图 3-4　机架

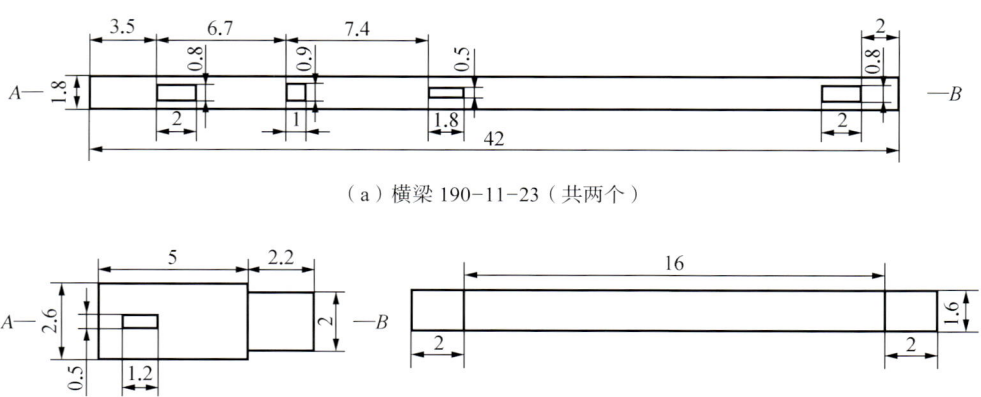

（a）横梁 190-11-23（共两个）

（b）机腿 190-⑧-16（共四个）

（c）横挡 190-⑨-18（共两个）

图 3-5　机架尺寸

3.1.2 经轴轴梁

经轴轴梁（图 3-6）有两个，用以支撑经轴支架，从而起到承接经线的作用，使经线拉出长度更长，降低经纱张力不匀。由于模型上两个经轴横梁中间开槽的位置有些不一致，所以有两个测绘图（图 3-7）。

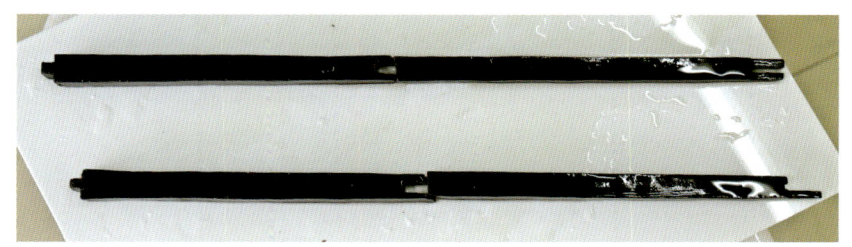

图 3-6 经轴横梁

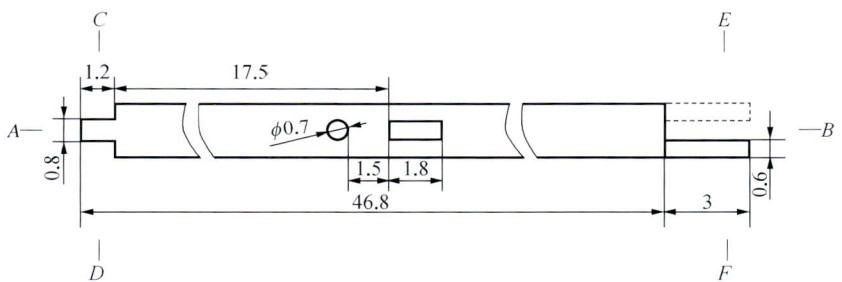

（a）经轴轴梁 190-④-6（共一个）

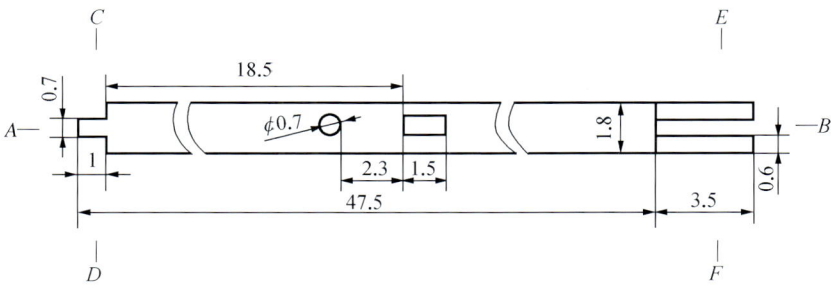

（b）经轴轴梁 190-⑤-7（共一个）

图 3-7 经轴轴梁尺寸

3.1.3 兔耳

兔耳（图 3-8）有两个，它的上部有两个圆槽（图 3-9），安装在机架的前部，两个兔耳的圆槽正好卡住卷轴两侧凸出的圆杆，这样在它上面就可以卷取织好的织物。

图 3-8　兔耳

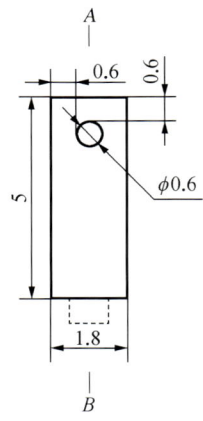

图 3-9　兔耳 190-⑧-17（共两个）

3.1.4　卷轴轴梁

卷轴轴梁（图 3-10）有两个，用以固定兔耳，将兔耳进行限位，使其不至于前后摇动（图 3-11）。

图 3-10　卷轴轴梁

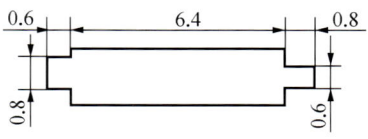

图 3-11　190-①-4（共两个）

3.1.5　格栅前梁

格栅前梁（图 3-12）有两个，从机架横梁中穿过，上方用以支撑格栅栅栏，中部承接卷轴横梁，下方的圆孔用以固定中轴踏板（图 3-13）。

图 3-12　格栅前梁

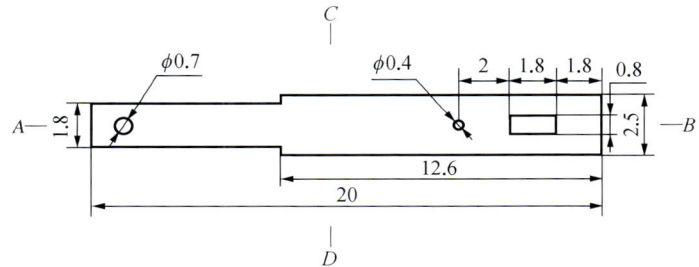

图 3-13　格栅前梁 190-⑥-10（共两个）

3.1.6　中轴踏板

中轴踏板（图 3-14）一侧的凸出圆杆缺失。连杆式勾综提花机的中轴踏板与滑框式勾综提花机有所不同，连杆是通过两个连杆连接部件与中轴连接（图 3-15），中轴转动时，连杆获得向上的动力。

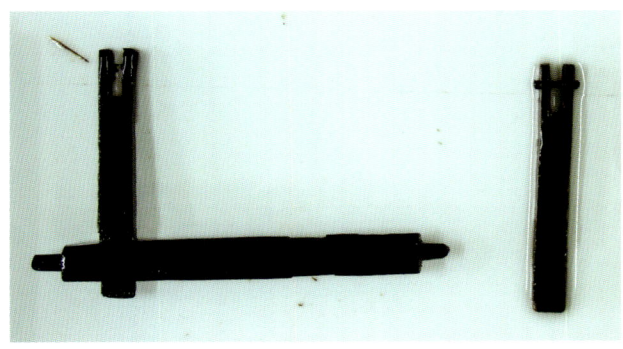

图 3-14　中轴踏板

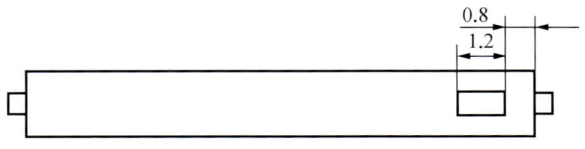

(a) 中轴踏板 190-⑦-13（共一个）

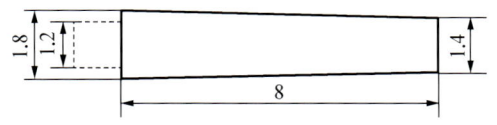

(b) 中轴踏板 190-⑦-14（共一个）

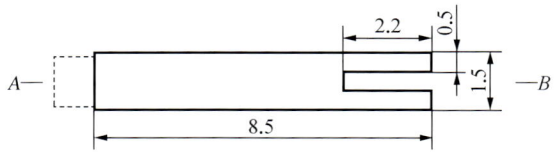

(c) 连杆连接部件 190-⑧-15（共两个）

图 3-15 中轴踏板尺寸

3.1.7 地综踏板支架

地综踏板支架（图 3-16）与滑框式勾综提花织机一样，保存比较完整，能够看出完整的结构（图 3-17）。

图 3-16 地综踏板支架

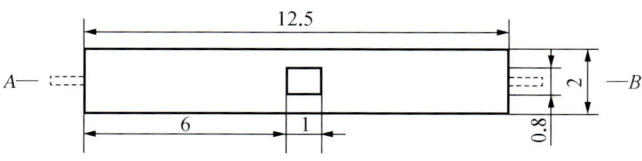

图 3-17 地综踏板支架 190-⑨-19（共一个）

3.1.8 经轴

经轴（图 3-18）也与滑框式勾综提花机一样，由一个方杆和两个圆盘构成（图 3-19）。

图 3-18　经轴

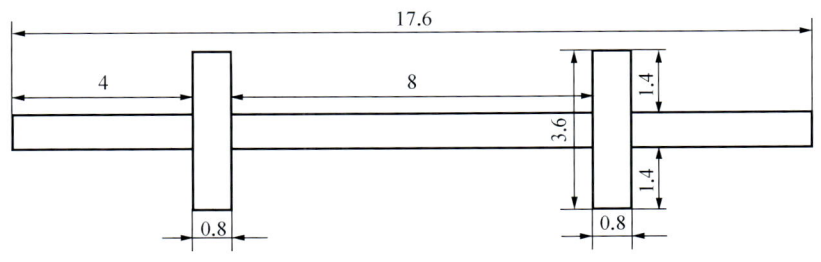

图 3-19　经轴 190-2-②-5（共一个）

3.1.9 坐板

坐板（图 3-20）放置于机前机架上，供织工坐着进行织造，但是依照复原后的织机，在实际织造过程中需要较强的力量才能将中轴踏板踩下，所以我们在滑框式勾综提花机上摒弃了这个坐板。可能由于连杆式勾综提花机的综片数量较少，不需要过大的力量即可踩下连杆，不排除在连杆式勾综提花机上可以坐下进行织造的可能（图 3-21）。

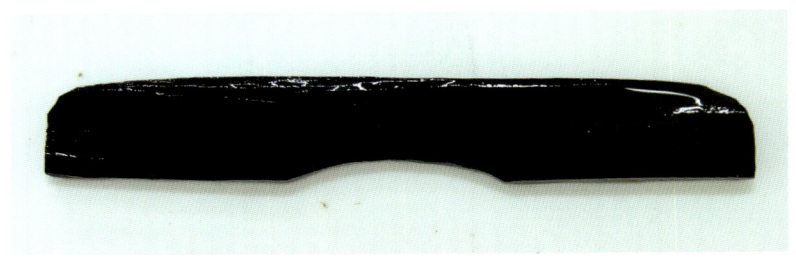

图 3-20　坐板

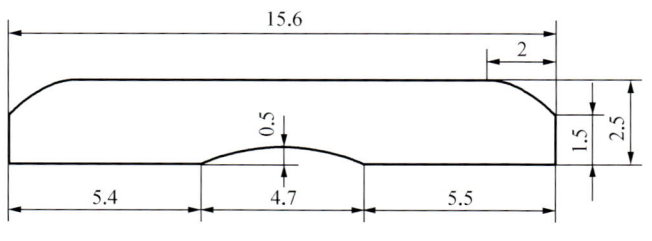

图 3-21　坐板 190-①-2（共一个）

3.1.10　栅栏

栅栏与滑框式提花织机一样，由两个横挡（图 3-22、图 3-23）、四个横梁（图 3-24、图 3-25）和若干个提升片（图 3-26）构成，但是连杆式勾综提花机的栅栏木杆数量要明显少于滑框式勾综提花机。

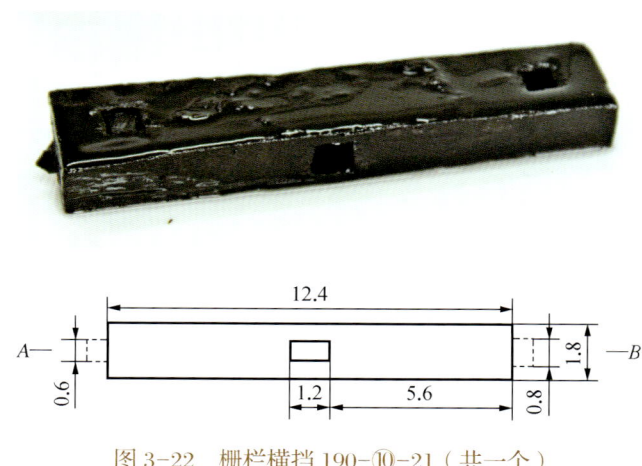

图 3-22　栅栏横挡 190-⑩-21（共一个）

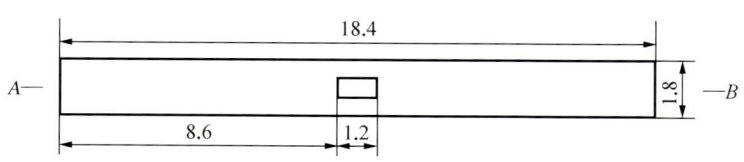

图 3-23　栅栏横挡 190-⑩-22（共一个）

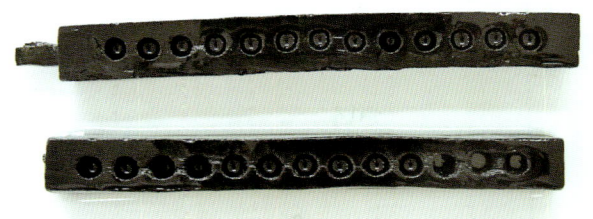
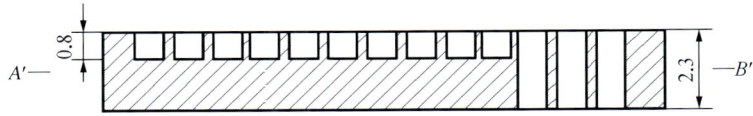

图 3-24　栅栏横梁 190-②-1-1（共两个）

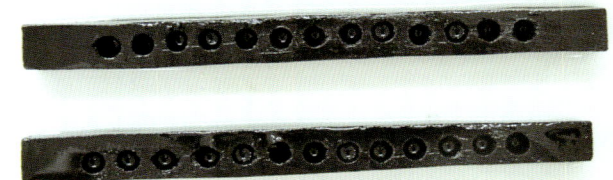
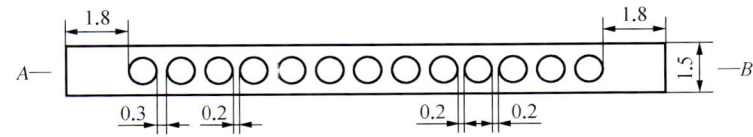

图 3-25　栅栏横挡 190-②-1-4（共两个）

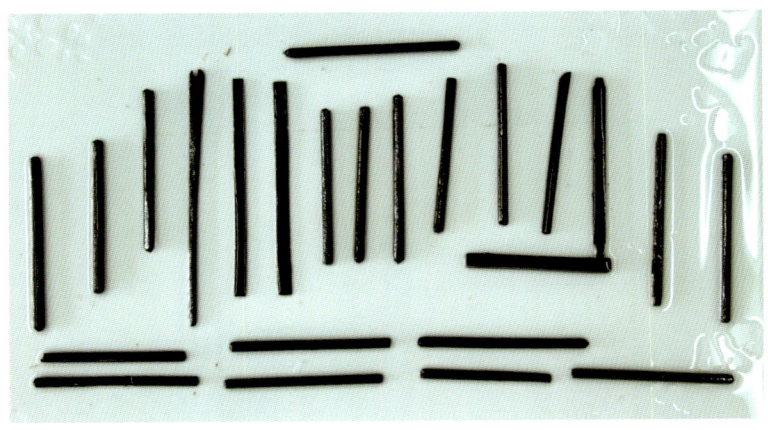
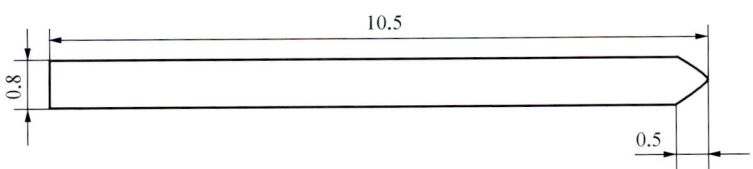

图 3-26　栅栏木杆 190-②-1-2（共 26 个）

3.1.11　提升片

提升片（图 3-27）与综片通过系绳连接，可以在栅栏木杆之间的间隙中上下运动，从而完成纹综的起综运动。

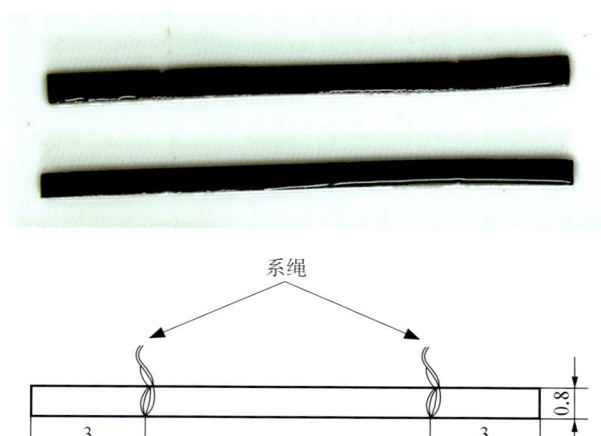

图 3-27　提升片 190-②-1-3（共四个）

3.1.12　综片

综片（图 3-28）破损比较严重，但通过互补可以拼合出完整的形制。

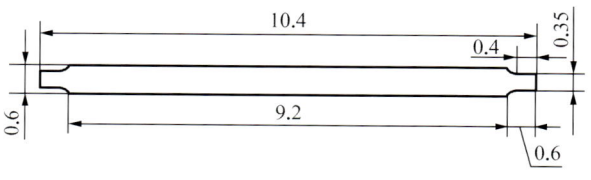

图 3-28　综片 190-1-①-1

3.1.13 选综装置

选综装置由两个横梁支柱（图3-29）、一个双勾支架（图3-30）、一对双勾和一个选综横梁（图3-31）构成，区别在于连杆的上端直接与双勾支架相连。

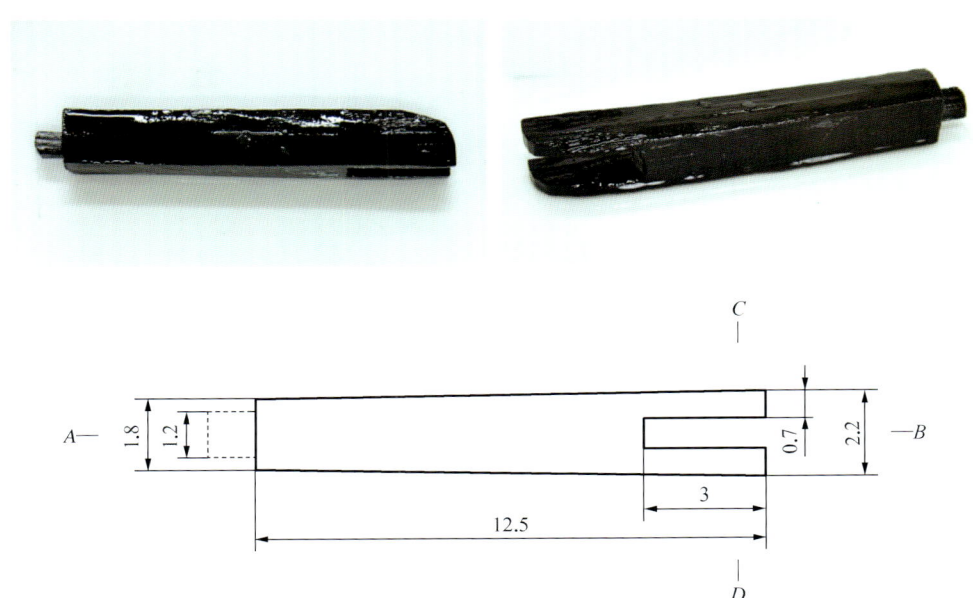

图3-29　选综横梁支柱190-⑦-12（共两个）

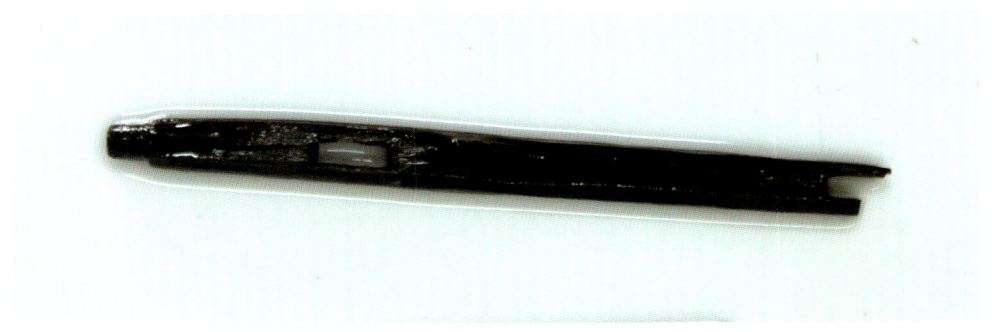

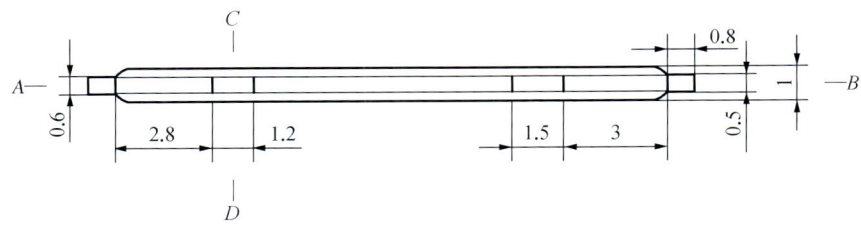

图3-30　双勾支架190-①-3（共一个）

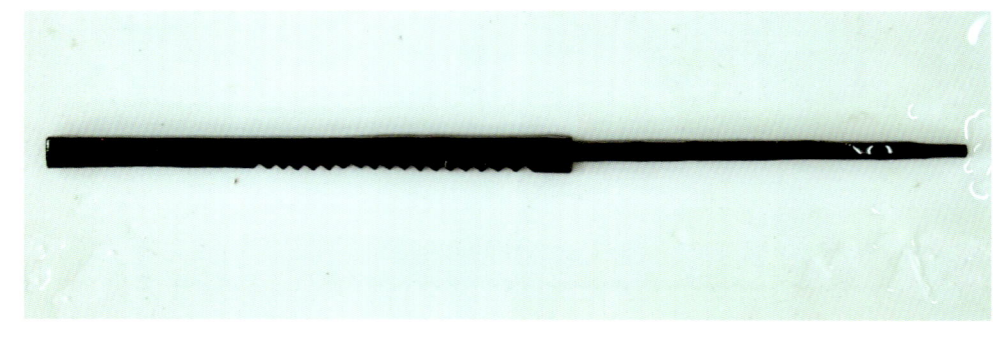

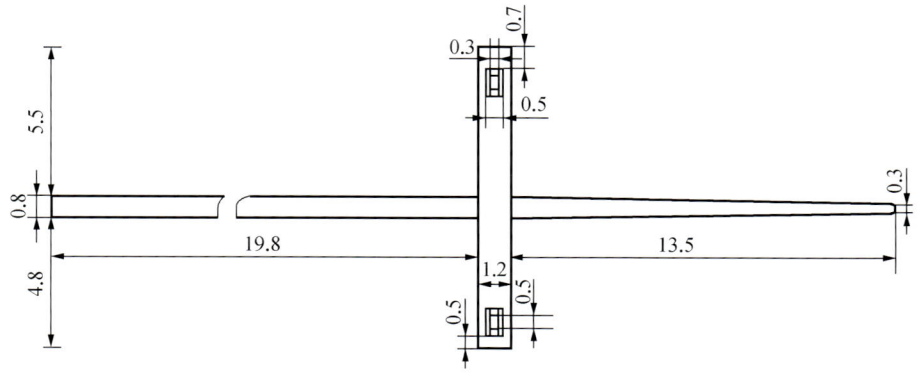

图 3-31　选综横梁 190-②-5（共一个）

3.2　连杆式提花机的装配

成都老官山汉墓出土了三台连杆式一勾多综提花织机，结构一致，按照机械构造将老官山汉墓提花机分为滑框式和连杆式两种，连杆式主要是指动力提升连接的构件是将双勾直接设置在一个长杆上，直接由连杆带动综片提升的方式。

根据成都博物馆提供的测绘数据，以及考古发掘现场的照片和视频资料（图 3-1～图 3-3），可以拼接和组合出连杆式提花机的三维模型（图 3-32）。

通过逐个部件的解读，在 3dMax 和 AutoCAD 软件中进行拼接组合，根据相应的分析研究，建立了连杆式一勾多综提花织机的三维效果图（图 3-33）。

根据成都博物馆提供的测绘数据，在 3dMax 和 AutoCAD 软件中进行建模，结合考古发掘时现场的照片和视频资料，重新拼接组合出三维模型。通过逐个部件的解读，在 3dMax 和 AutoCAD 软件中进行拼接组合，根据相应的分析研究，首先还原复制出连杆式一勾多综提花织机的模型（图 3-34）。

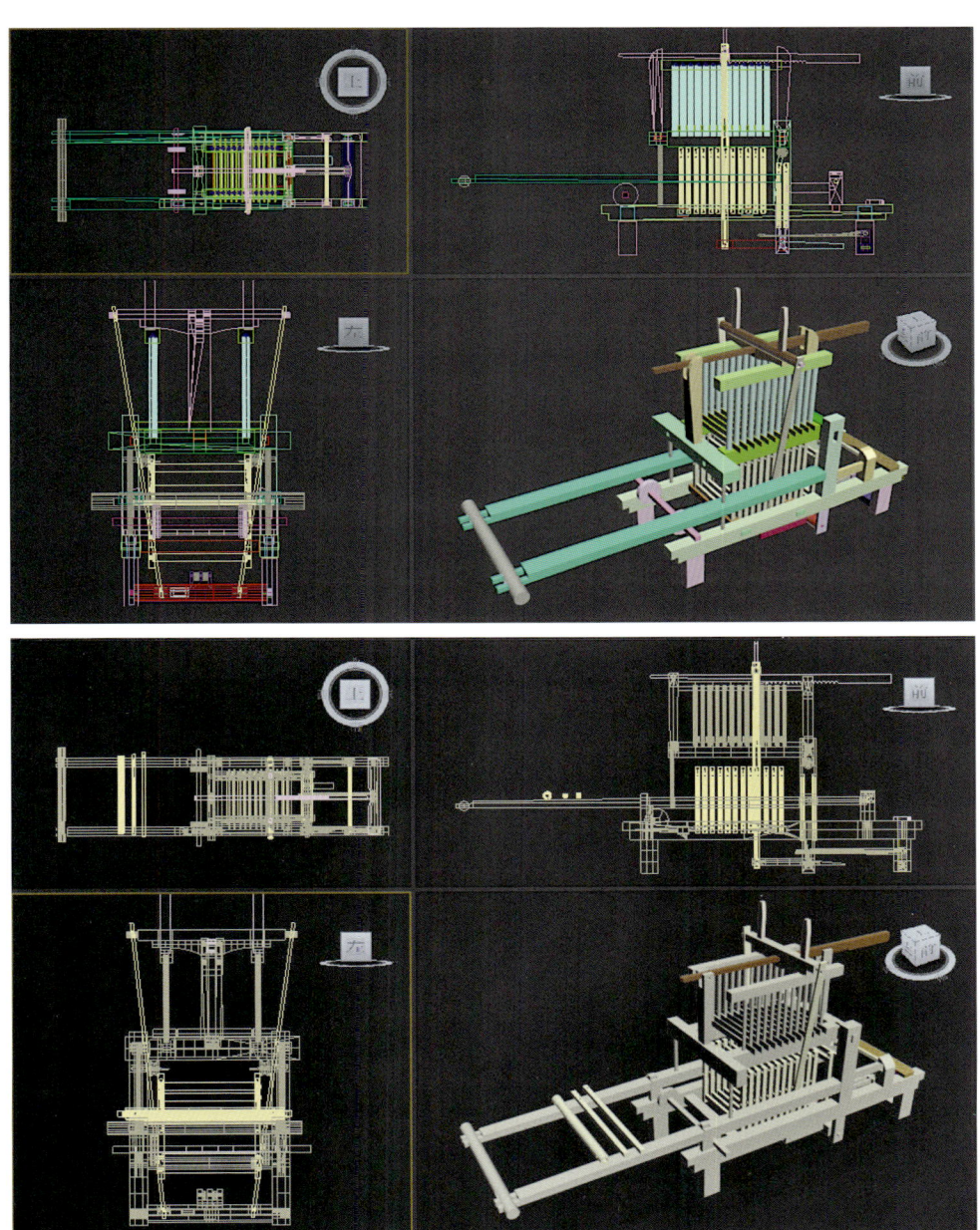

图 3-32 连杆式勾综提花机的 3dMax 模型

图 3-33　连杆式一勾多综提花织机三维效果图

图 3-34　连杆式一勾多综提花织机模型复制品

3.3 "世毋极锦宜二亲传子孙"锦复制

"世毋极锦宜二亲传子孙"锦手套是新疆尼雅 1 号墓地 3 号墓出土的,长 35.5 cm、宽 15 cm,现由新疆维吾尔自治区文物考古研究所收藏。此手套四指合并,指部分别以红、白色绢制成,腕部为"世毋极锦宜二亲传子孙"锦(图 3-35)。锦为 1∶1 平纹经重组织,蓝黄两色,幅宽 44 cm,幅边 1.5 cm。图案经向循环 2 cm。此锦与楼兰所出蓝黄两色的"续世锦"非常相似,波浪形的图案还用于各种其他装饰,被视作简化了的云气纹锦。波纹图案其实是云气纹的一种极简的形式,在汉代十分流行。同类纹样在尼雅、楼兰遗址中也属常见,时而还有汉字铭文。在楼兰出土中就有织入"续世锦"铭文的蓝黄色波纹锦。这类"宜二亲""传子孙"铭文多见于汉晋时期的砖雕和铜镜,织锦也不例外。

图 3-35 "世毋极锦宜二亲传子孙"锦

3.3.1 织物分析

借助放大镜、显微镜等工具,可知文物经线分色彩不同的甲经和乙经两组,且同组经线不同区域间色彩也不尽相同,纬线为单色。与交龙对凤纹锦相同,为二色经锦织物。

使用经纬密度仪，选择多处结构较完整的织物区域分析经纬密度，进行比较分析和确定，该件文物的经密为 92 根/cm、纬密为 32 根/cm。

由于分析的织物对象是文物，故不能采集大量实物称重计算纤度，只能借助显微镜和标准蚕丝样本中接近纤度的丝线做对比。首先确定计算纤度，通过它计算织物平方米重量与文物对比、调整，最终确定经线为 4/20/22D 桑蚕熟丝，纬线同经线。

推算文物内幅为 45 cm，外幅为 46 cm，幅边为 0.5×2 cm。根据对残片经密检测和门幅的估算，推算总经线数为 4 236 根，边经为 104 根，左右各 52 根。

3.3.2 确定织物的规格和意匠绘制

根据以上测试数据，经综合整理，制定织物的规格，见表 3-1。

表 3-1 "世毋极锦宜二亲传子孙"锦织物规格表

经线数	内经数 4 132＋边经数 52×2＝总经 4 236 根			
经线颜色	甲经：浅橙色，2 118 根		乙经：深青色，2 118 根	
经线长度	30 m			
经线排列	甲：乙 =1：1，甲甲乙乙甲甲乙乙			
经纬纱规格	经线纤度	80D（4/20/22D）	经线密度	92 根/cm
	纬线纤度	80D（4/20/22D）	纬线密度	32 根/cm

根据世毋极锦的文物残片，可以清晰描绘出整幅纹样的一个局部，根据出土报告中的各个残片照片，拼合描绘出一个整幅纹样（图 3-36），再对照照片对整幅纹样中局部单元进行清晰绘制，图案由写意的龙凤对称互交组成。整个纹样幅宽 46 cm，占据整个织物门幅，一个经向纹样长度 45 cm，纹样经向循环，长度 2 cm，有纬线 32 根，根据组织结构确定其中 16 根地纬，另 16 根纹纬，经线色彩分黄、蓝色两种。

根据原文物组织特点，设定意匠图中每一纵格代表两根经线（一根甲经、一根乙经），纵格数为 2 118；每一横格代表两根纹纬，横格数为 16。因织物为二重经锦组织，只有两种不同的基本组织，意匠图只用灰白二色，绘制时，首先根据纹样确定各个图案单元在整体中的位置,然后根据文物残片照片对于对应单元进行仔细比对绘制(图 3-37)。

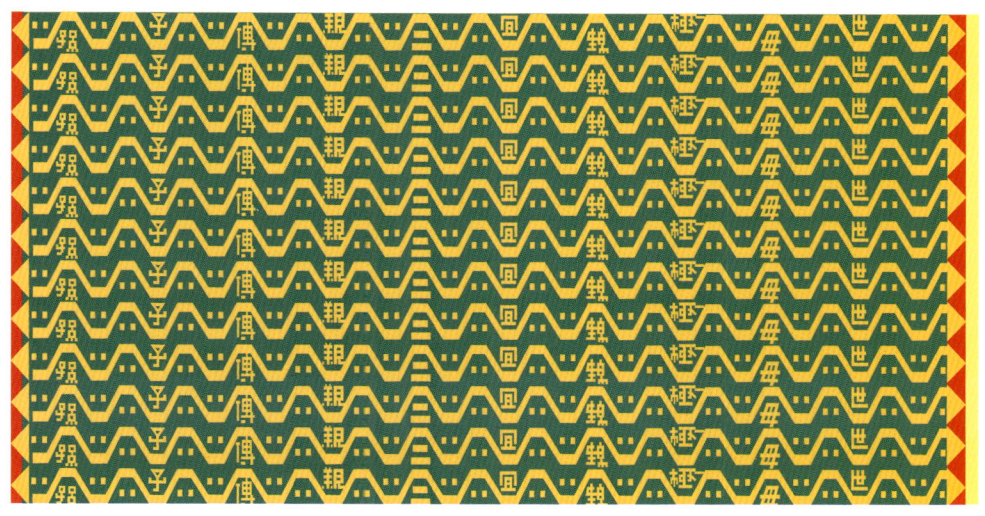

图 3-36 "世毋极锦宜二亲传子孙"锦的纹样图

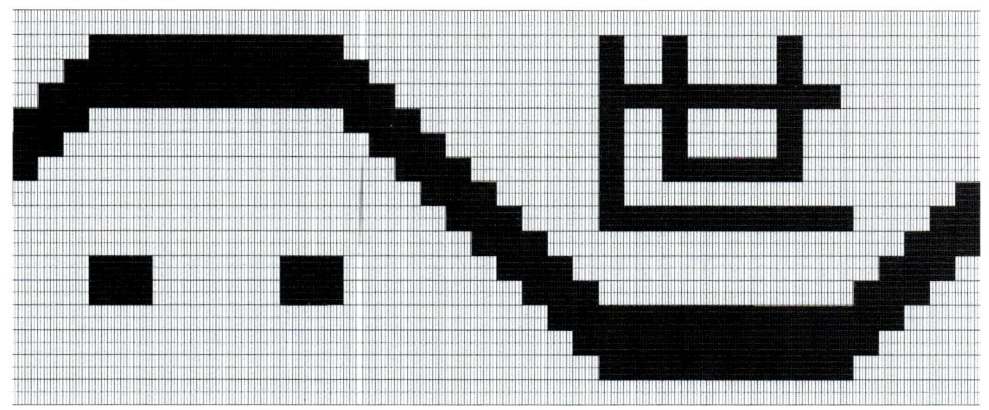

图 3-37 "世毋极锦宜二亲传子孙"锦的意匠图局部

3.3.3 复制过程

按照连杆式勾综提花织机模型的尺寸放大 6 倍,结合实际操作性能,优化局部设计,复原制作可实际用于织造的织机(图 3-38)。

1)装造

经线分甲乙两组,甲乙合股分别穿入一前一后地综,再一甲一乙穿入纹综的下综环,经线穿入综环、地综、筘的关系见表 3-2。

图 3-38 复原的连杆式勾综提花织机

表 3-2 综筘关系表　　　　　　　　　　　　　　　　　　单位：根

类型		左素边	纹部	右素边	合计
经线数	甲经	26	2 066	26	2 118
	乙经	26	2 066	26	2 118
综线环	数量	52	4 132	52	4 236
	每根综线环经线穿入数	1	1	1	
每片地综线数		13	1 033	13	1 059
每根地综经线穿入数		2	2	2	
筘幅 /cm		0.6	45.9	0.6	47.1
筘齿 / 羽		6	459	6	471
每羽经线穿入数		9	9	9	
筘号		10	10	10	

　　纹综的穿综（图 3-39）是根据花纹意匠规律，按照显花穿入综口、不显花则不穿入综口逐根将经线穿过综片。

图 3-39 穿综

2）织造

织造操作由两人完成，一人负责织造，另一人辅助。由于属于同样的织造原理，织工在织造之时，按照第 2 章中与交龙对凤纹锦一样的织造步骤，循环往复织造，即可织造出"世毋极锦宜二亲传子孙"锦（图 3-40）。唯一不同的是，此件织锦的纹综数量为 16 片。

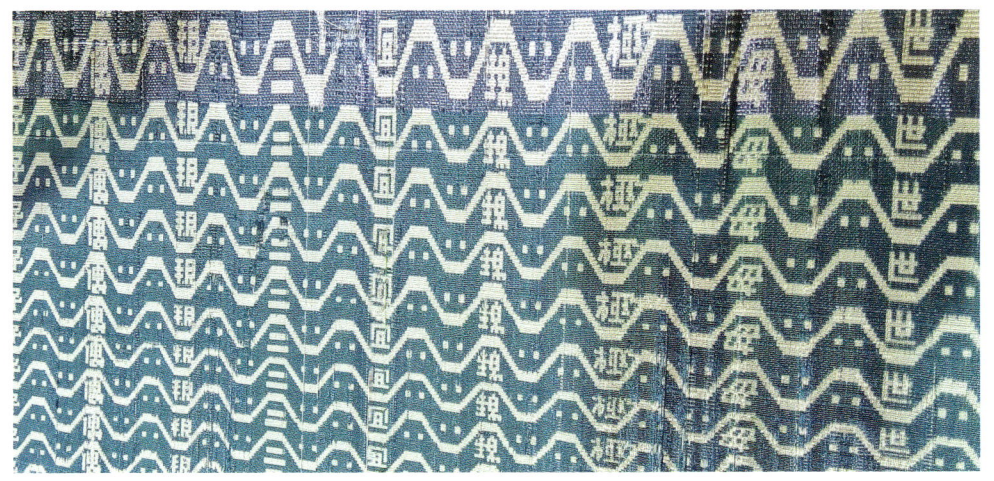

图 3-40 "世毋极锦宜二亲传子孙"锦复制品

按照可操作性放大复原的连杆式一勾多综提花织机，连同在织机上成功复制的"世毋极锦宜二亲传子孙"锦，如今展示在成都博物馆（图 3-41）。

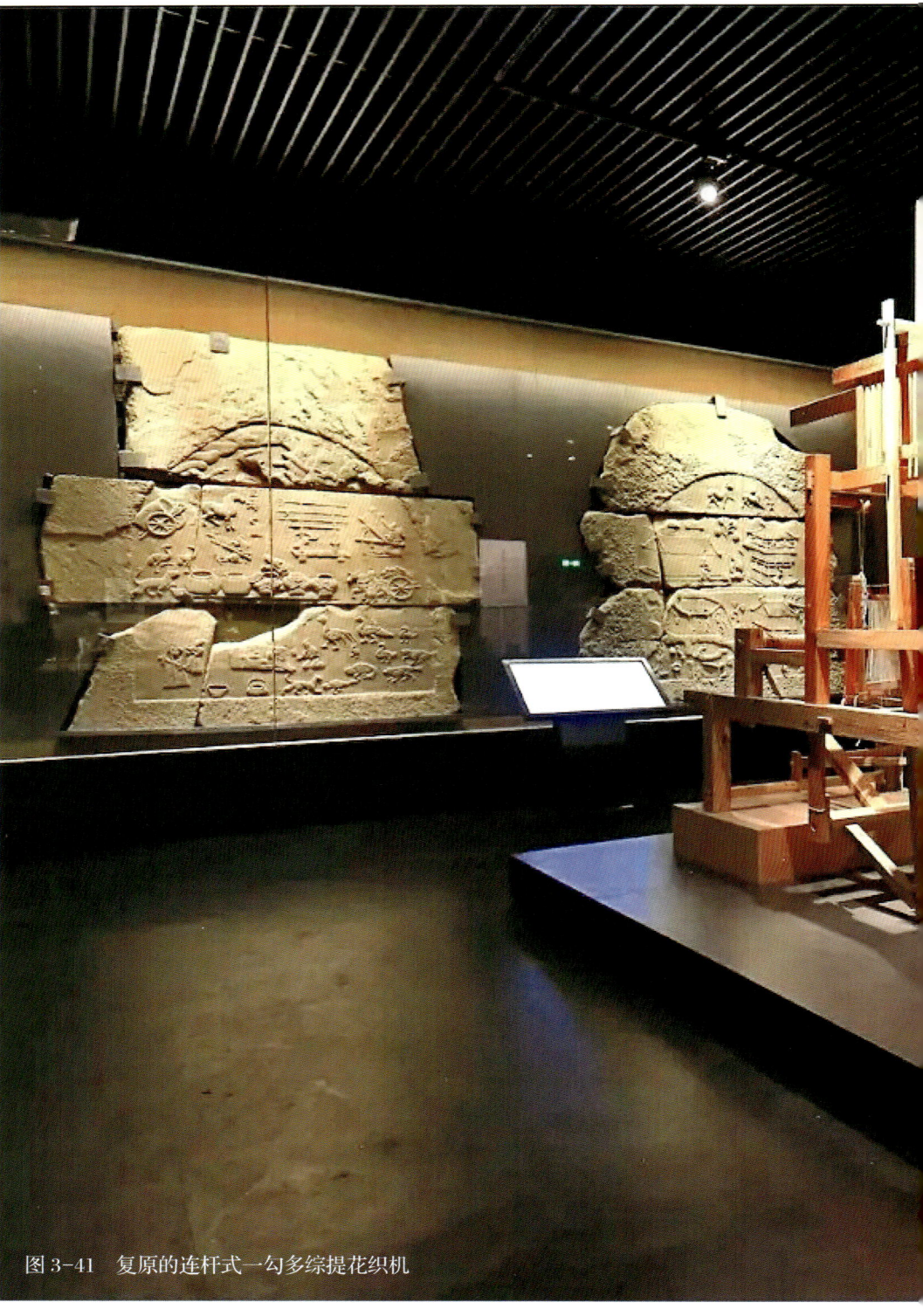

图 3-41　复原的连杆式一勾多综提花织机

093　第③章·连杆式提花机

第4章
织造辅助
工具复原

成都老官山汉墓 M2 墓北侧边箱中除了四台织机模型之外，中间区域还有纺织相关工具的出土，包括络丝、整经、摇纬等重要辅助工具，这些辅助工具用于丝织技艺中的织造准备工序。

4.1 络丝工具和技术

成都老官山汉墓出土的辅助工具，包括两套络丝经架和一套络丝工具中的络座（图 4-1），为我们提供了汉代络丝技术的宝贵资料。络丝经架和络丝工具是纺织工艺中不可或缺的一部分，它们用于整理和卷绕丝线，为后续的纺织工作做好准备。络丝经架通常用于支撑和展开丝线，而络座则用于固定丝线并进行卷绕。这些工具的设计和使用，体现了古代工匠的智慧和对纺织工艺的深刻理解。

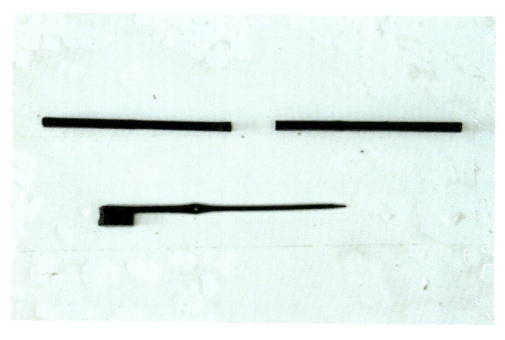
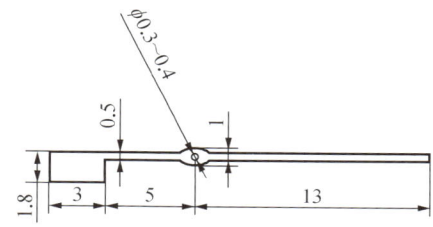

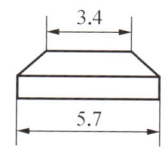

图 4-1　络丝工具

丝簨是络丝的工具，汉代《方言》中叫作"楥"（音 yuán），"兖豫河济之间谓之辕"。《说文》中叫作"簨"，"收丝者也。或作䉛，从角、从间"。《王祯农书》称为"籰"，"必窍贯以轴，乃适于用。为理丝之先具也"。籰是从工字形绕丝器发展出来的。它的结构是两组十字形辐，装上四根横梁。两组辐的中央都有圆孔，中间穿一根轴，就可以绕轴回转，而把丝绕在横梁上。以丝籰绕丝比工字形绕丝器既快又省力，最初大约用于缫丝。

图4-2所示为1966年从新疆吐鲁番阿斯塔那墓出土的晋代籰子，横梁长19.8 cm，与现在尚在流传使用的尺寸相仿，用木制成。但由字形推测，古代内地的籰子应为竹制。《王祯农书》中就记载为竹器。现在民间流传的也用竹制，因其表面光滑，不会刮伤丝缕。

图4-2 新疆吐鲁番阿斯塔那墓出土的晋代籰子

虽然在成都老官山汉墓中并未出土完整的丝籰，但据考古人员曾提及北侧织机的边箱中有很多碎竹片，在考古发掘时无法提取。另外根据织机模型的$\frac{1}{6}$缩放比例，丝籰的模型应该在2 cm左右。

络丝时需将由缫车上脱下的丝绞转络到籰子上。《方言》称："河济之间，络谓之给。"《说文》曰："车杅（附）为柅。"《通俗文》载："张丝曰柅。"《王祯农书》说："以脱轩之丝，张于柅上。上作悬钩，引致绪端，逗于车上。"

最初引致绪端，直接绕于籰上，籰子以手指拨转，或者后来像近代南方农村那样，以手掌托籰轻轻抛转，即所谓的"掉籰取丝"。汉代画像石上的"调丝"即为手指拨转籰子的情况。柅就是类似竖立于地面的丝軠，也许最初是从缫车上将丝軠连同丝一起取下而供调丝的。后来或许在地面竖立四根杆子，或者每两根一组，下装底座，使四根竖杆的周围长度可以调节，以便于张丝。

图 4-3 所示为《王祯农书》中的络车图。"其车之制,必以细轴穿籰,措于车座两柱之间。(谓一柱独高,中为通槽,以贯其籰轴之首。一柱下而管其籰轴之末)人既绳牵轴动,则籰随轴转,丝乃上籰。此北方络丝车也"。就是指用绳兜绕于籰轴上,状如玩具扯铃,手拉绳一引一放,则籰轴便在高柱的通槽中旋升旋降,籰子则以惯性不断回转。这种方法比"掉籰取丝""安且速"[1]。

图 4-4 所示为《天工开物》中的调丝图。《天工开物》中把棳称作"络笃"。"其傍倚柱高八尺处,钉具斜安小竹偃月挂钩,悬搭丝于钩内。……小竹坠石为活头,接断之时,扳之即下"[2]。就是指斜挂一根小竹竿,一头悬一丝钩,另一头悬重锤(或石块)。往丝钩穿头时,将竹竿扳下即可。穿好头,手放松,竹竿即自动转动,将丝钩上升,便于丝的退绕。同时,竹竿另一端挂有重锤,丝钩就给丝线以一定的张力,使丝线在卷绕至丝籰上时松紧合度。

图 4-3 络车

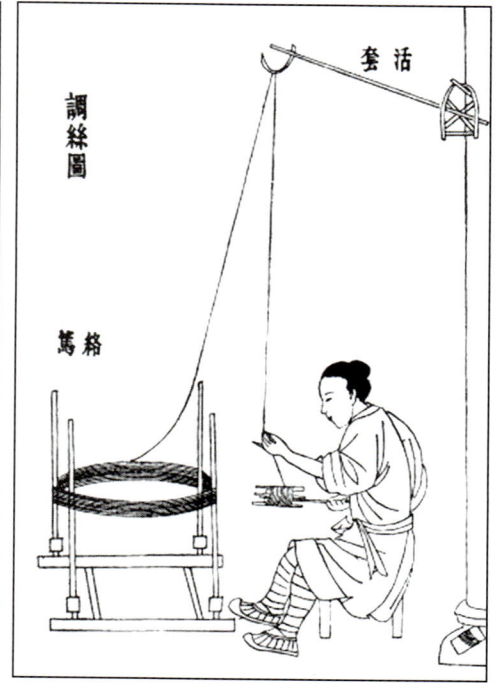

图 4-4 调丝

成都老官山汉墓中出土调丝工具络笃和偃月挂钩模型,与明代《天工开物》刻本中的形状非常相似,通过测绘数据可以将络丝工具完整复原出来(图 4-5)。

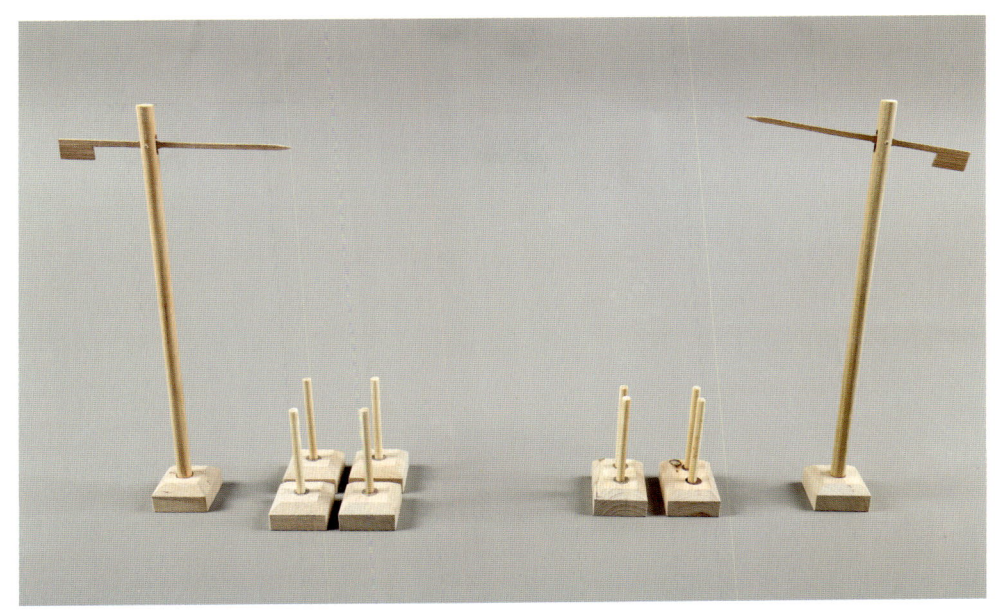

图 4-5 复原的络丝工具

4.2 整经工具

4.2.1 出土情况

成都老官山汉墓出土的整经工具包括经耙、溜眼和交橄（图 4-6）。经耙由两根大木构成，上面各有短木插在上面，形成一对，一根上有 20 个耙，另一根上有 19 个耙（图 4-7）。这种设计可能是用于梳理和整理经线，确保丝线在纺织过程中的平整和张力均匀。溜眼则是一根长木，上面有 22 个弯勾，这些弯勾可能用于固定和调节经线。交橄是在经耙一侧大木的一端通过榫卯连接了一个木板，木板上方插入两根圆杆，在整经过程中起到分绞的作用。

4.2.2 经耙式整经

整经是织造准备的主要工序之一。在古代，丝织中纼丝、整经所用的工具称为经架、经具，又称为纼床。不论是织造绢、缣、纨、绸等素织物，还是织制精美的绮、绫、锦、缎、绒等花织物，均需将许多篗子上的丝缕排列整齐，按一定的规律牵于经轴上，以便穿筘上浆，再进行织造。织制麻、毛、棉织品时，也一定要将经纱通过整经绕在经轴上。

图 4-6　整经工具出土时的情景

101　第 4 章　织造辅助工具复原

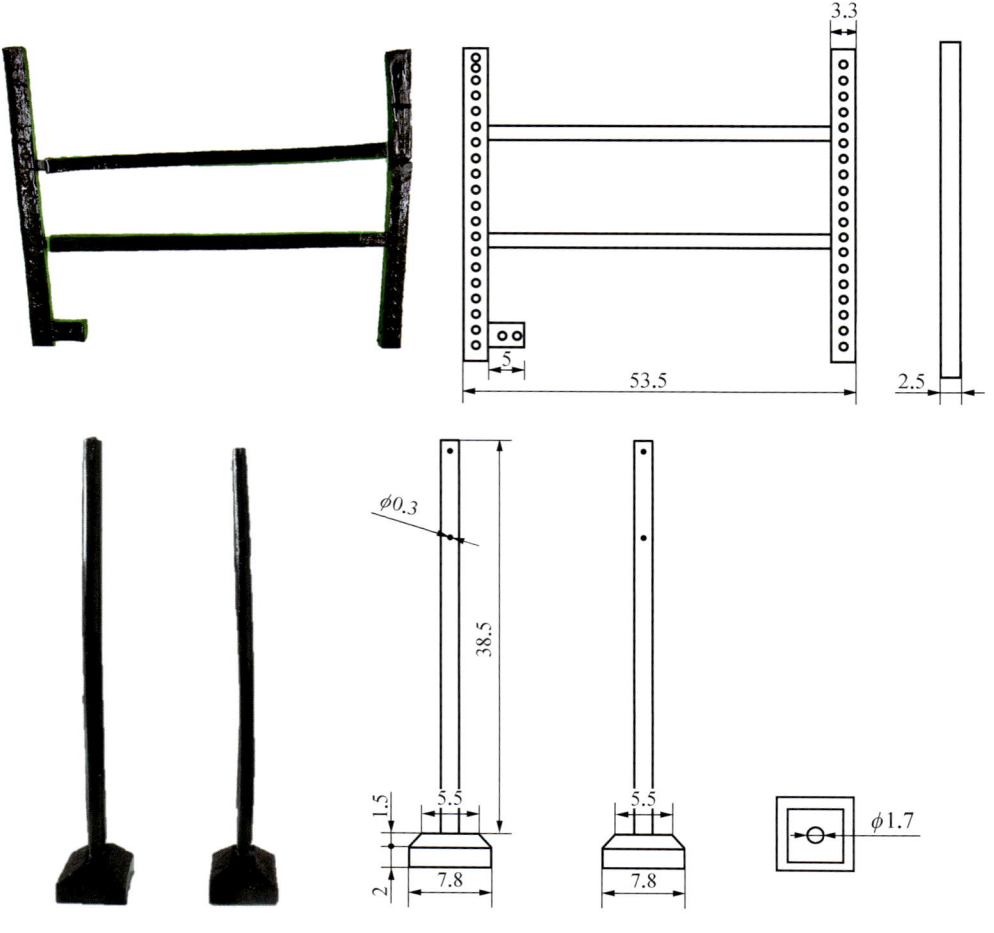

图 4-7　整经工具的测绘图

经轴对于所织布帛的作用非常重要，《礼记·王制》载："布帛精粗不中数，幅广狭不中量，不粥于市。"整经就是为了使布帛"中数"，达到一定的长度与宽度；若没有达到，则不能在市场上交易。《韩非子·外储说右上》载："吴起，卫左氏中人也，使其妻织组，而幅狭于度，吴子使更之，其妻曰：'诺。'乃成，复度之，果不中度，吴子大怒，其妻对曰：'吾始经之，而不可更也。'吴子出之。"其实吴起之妻"不中度"的解释是正确的，整经之后经轴上机便不可变更，这也说明了整经的重要性[3]。

一般来说，经线的保持方式有四种：① 将整理过的经线捆扎成一把，称为捆扎法；② 用齿耙固定经线，称为经耙式；③ 将经线整到轴上，称为经轴法；④ 将经线从排好的筒子上直接引到经轴上，称为分筒法[4]。

经耙式整经是由地桩整经法发展而来的，导致产生了一种类似于齿耙式的工具。从中国和日本现存的草鞋编织工具中可以看到，这种齿耙应是一种持经具,我们将这一持经方法称为经耙式整经。经耙式整经出现的年代较早,是古代整经的主要形式。1978—1979年间,江西省博物馆的考古工作者对贵溪县鱼塘公社仙岩一带的春秋戉国崖墓进行了发掘,出土了残断齿耙三件,横断面呈"L"形,齿耙面为一排小竹钉,相距2 cm,可能是整经工具。M6出土的一件齿耙长234 cm、宽7.6 cm。M3出土的齿耙,底板上有两个浅凹槽,现长113 cm。另有经轴一件,与齿耙外形相近,亦可作整经之用,轴面两侧各有一椭圆孔,中间为长方形浅槽,现长80 cm,如图4-8所示。

图4-8 江西贵溪出土的经耙

经耙式整经法一直流传。元代《梓人遗制》中有经耙式整经法使用的掌扇的插图,如图4-9所示。明《天工开物》中有下述详细的记载:

凡丝既䊺之后,牵经就织。以直竹竿穿眼三十余,透过篾圈,名曰溜眼(导丝孔)。竿横架柱上,丝从圈透过掌扇(分绞经牌),然后缠绕经耙(现名桩头)之上,度数既足,将印架捆卷。既捆,中以交竹二度(根),一上一下间丝,然后极于筘内。极筘之后,以的杠(经轴)与印架相望,登开五、七丈。或过糊者,就此过糊,或不过糊,就此卷于的杠,穿综就织。

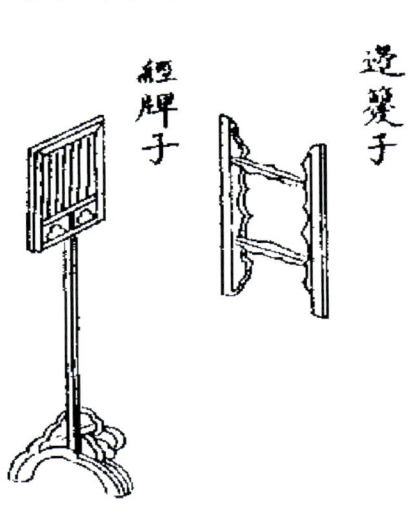

图4-9
元代《梓人遗制》中的经牌子

如图 4-10 所示，图中一人将放在地上的簋子上的丝线穿过导丝孔，集中于掌扇（经牌）处。掌扇上有上、下两排孔眼，将经丝分成上、下两层，进行分绞。分绞后的束经交另外一人，左右往复绕于经耙上。经耙上的竹钉（木桩）数量视整经长度而定，经轴上卷绕的经线长度长，则竹钉数应多。经耙实际上起到控制织轴定长的作用，再将掌扇上分出的上、下两层经丝分别起出"交头"。这样就可按规律穿综就织。这种整经工艺可能是分条整经的前身。

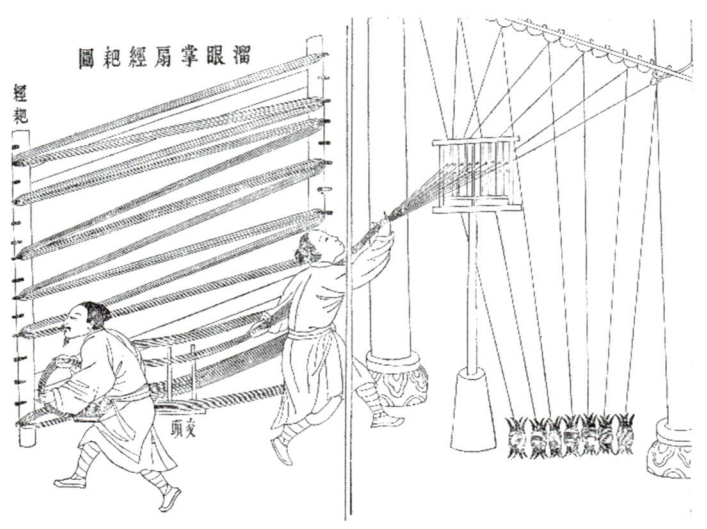

图 4-10 《天工开物》中的经具图

还有一种横式的经耙式整经方法，在清代《豳风广义》（图 4-11）和《蚕桑萃编》中均有具体描绘。

图 4-11
《豳风广义》中的经耙式整经图

《豳风广义》中的经丝图，经耙横放于架上。原文如下：

先造经牙一副，用方木桩二根，长八尺，密锭木橛一行，相去寸余，每根可锭橛六七十。上下安撑桄二道，阔一丈。左边木桩外侧，近顶五寸锭一木橛，下去地五寸，亦锭一木橛。用时倚墙斜立经牙之下。近右桩一尺五六寸，地上置交橄一个。用木板一块，中安竹棍一行。五根俱高一尺，以左三根编大交，以右二根挂小交。对经牙相去五尺，用绳悬经竿。长一丈，上锭小铁环五十个，略与人肩齐。下置丝夔五十个。密摆二行，将夔上丝头提起，贯入经竿环内，总收一处，挽成一结，挂在交橄右边第一竹棍上。一人手牵丝绺，又挂在右边桩下第一木橛上。复牵在左边桩下第一橛上。如此往来牵挂，层层至顶橛尽处。又将丝绺牵在左桩外侧木橛之外边，引至桩下橛上，复牵往右行至中间，以左手提住丝绺，以右手大指食指向上，将丝头在二指虎口内，一左一右拾成交，挂在交橄竹竿上。层层经挂，回回拾交，周而复始，以足数而止。经毕在交橄外右边空处剪断，将交用丝绳贯在两边拴紧。若绳脱交乱，则满架经绺无用矣。将一头具挽一结，再用绳拴紧。然后用缠夔一个，用木四根，各长二尺，造成方架，阔一尺八寸，内锭一钉。将有交一头，以壮绳子拴系钉上。一人执定缠夔，缓缓将经牙上丝绺，旋卸旋缠讫，再上纼床，如图所示。纼床压天夔者，即至大之夔也。将缠夔上经绺复缠于此，然后可以纼刷。将缠夔上收下经绺无交的一头，拴系天夔钉上，一人搬转天夔，一人两手执住缠夔，旋放旋紧，又缠在天夔上，至有交处方止。再将交夹在二竹棍之中，竹棍两头用绳子系住，不可令脱。一人拨交，一人执绳贯头。绳即竹篾缚成，一人将丝头二根，如绫织物有用四根、五根者，缎有用八根者，惟人所便。挂在绳钩上，扯过齿眼，收住挽一结，齿齿贯毕，用縢梯一个，将縢子（经轴）横担其上。令縢梯去纼床三丈，将底桄以绳系住，再将贯过经绺以数十丝挽一结，用一竹棍贯住，牵纼至縢梯。将竹棍横架縢子上。一人搬转縢子，一人手执拨簪。搬转縢子，容将经绺绷紧，如有松漫处，下面用纸一垫，务要平紧一样，随拨随卷在縢子上，可以言织矣。

4.2.3 老官山整经工艺

成都老官山汉墓出土的经架形式，与清代《豳风广义》和《蚕桑萃编》中描绘的横式经耙式整经方法非常类似。其具体操作步骤为：首先，将丝线从丝夔上引出，通过溜眼；然后，将经线依次绕到经把上（第一把挂在经的右上角，然后从右往左、再从左往右往复来回,将经线挂到桩头之上);最后,直接用手指分绞,并转移到交橄上。

成都老官山汉墓出土有经耙、经杆、杆架,但是没有掌扇出土,所以当时分绞是采用手工的方式。根据测绘的数据,可以将整个经架复原出来(图4-12)。

图4-12 复原的经耙式整经架

4.3 摇纬工具

成都老官山汉墓出土了两架摇纬车(图4-13、图4-14),由底座、支柱、圆盘和圆杆构成,底座呈"L"形,上有三根支柱,一根上固定一个偏心圆盘,另外两根支撑一个圆杆。摇纬时,织工手摇偏心圆盘上的摇杆,带动圆杆上的纡子做圆周运动,从而将丝线从丝篗上转移或并合到纡子上。

摇纬是纺织过程中的一个重要步骤,它是指将丝线或其他纤维从丝筒上绕到纡管上,以便后续在织机上作为纬线使用。摇纬车也称为纬车,是专门用于这一过程的工具。

图 4-13　成都老官山汉墓出土的摇纬车

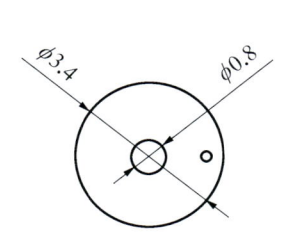 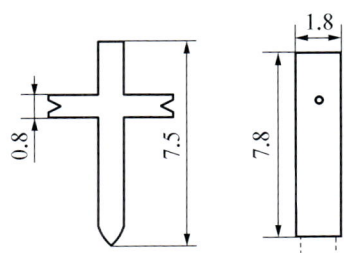 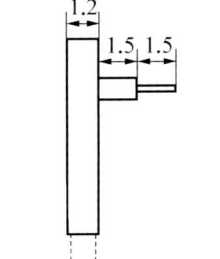

图 4-14　摇纬车测绘图

摇纬车的结构通常包括一个转动的轮子和一个或多个纺锭，通过转动轮子，可以将丝线均匀地缠绕在纺锭上。在古代，摇纬车的使用大大提高了纺织的效率，因为它可以快速地将丝线从丝筒转移到纤管上，为织造做好准备。这种工具可以将丝筒上的丝通过纬车绕到纤管上，然后置于梭子之中，作为纬线使用（图4-15）。这表明摇纬车在古代纺织工艺中扮演了重要角色，是提高生产效率和织物质量的关键工具之一。

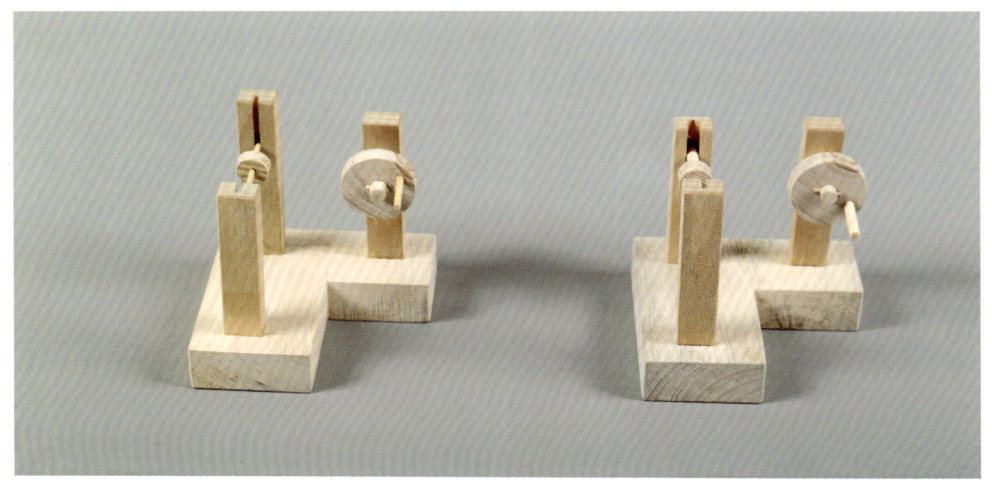

图4-15　复原的摇纬车

本次考古发现为汉代提花织机提供了比例较准确的模型，与出土俑的比例差不多，所出土木俑有的是坐着光脚，像是脚踩织机的踏板。汉代画像石上的织机多为斜织机，只能织布，而不能织锦，两者所反映的技术不同，提花机明显复杂得多。出土的四台织机与木俑显示可能为同一个作坊，俑的手势不一致，操作方式为一人一台或者一人帮助提花。

根据老官山汉墓出土提花织机的测绘，项目团队运用电脑软件进行三维建模，以原大尺寸复制织机模型，从而掌握汉代提花织机的机构组成、机构传动原理和提花织造原理，然后严格依照"最少添加原则"和"最低功能原则"在符合可操作性的前提下复原放大的汉代提花织机，并且在可操作的织机上复制汉代提花织物。

结合文献资料与相关文物数据，通过研究论证，项目团队已经基本掌握四台织机的机械构造和织造原理，进而展开了织机模型的复制工作，现已制作了老官山汉墓整个织造工坊的模型（图4-16）。

图 4-16 老官山汉墓出土织造工坊模型复制品

参考文献

[1] (元) 王祯. 王祯农书 [M]. 杭州：浙江人民美术出版社，2015.

[2] (明) 宋应星. 天工开物译注 [M]. 潘吉星，译注. 上海：上海古籍出版社，2016.

[3] 赵丰. 中国丝绸通史 [M]. 苏州：苏州大学出版社，2005.

[4] 赵丰. 中国传统织机及织造技术研究 [D]. 上海：东华大学，1997.

第 5 章
文献中的汉代织机

在汉代的文献资料中，也有不少对汉代织机的记载。孙毓棠先生在《释关于汉代机织技术的两段重要史料》中对两种汉代织机史料进行过考证，被众多学者所引用。虽然织机的"机"字出现得很晚，有人认为可能晚到汉代，但在汉代，确实已有许多历史文献提及了织机，我们在此也对这些文献进行一次梳理，其中最为重要的是西汉刘向的《敬姜说织》和王逸的《机妇赋》。

5.1 《敬姜说织》中的织机部件

《列女传》是一部介绍中国古代妇女日常活动的书，作者是西汉学者刘向（前77—前6），共分七卷，有母仪传、贤明传、仁智传、贞顺传、节义传、辩通传和孽嬖传，记叙了110名妇女的故事。刘向认为"王教由内及外，自近者始"，即王教应当从皇帝周边的人开始教育，因此写成此书，以劝谏皇帝、嫔妃及外戚。其中的《鲁季敬姜》中有一段《敬姜说织》，专门记载了双轴织机的主要部件。原文如下：

文伯相鲁，敬姜谓之曰：吾语汝，治国之要尽在经矣。夫幅者，所以正曲枉也，不可不强，故幅可以为将；画者，所以均不均、服不服也，故画可以为正；物者，所以治芜与莫也，故物可以为都大夫；持交而不失、出入不绝者，捆也，捆可以为大行人也；推而往、引而来者，综也，综可以为关内之师；主多少之数者，均也，均可以为内史；服重任、行远道、正直而固者，轴也，轴可以为相；舒而无穷者，摘也，摘可以为三公。文伯再拜受教。

在这段文字中，敬姜把治理国家比作织造时对经丝的处理。"治国之要尽在经矣"，古文中的"经"字乃是对原始织机的描绘，因此，"经"也就代表了织造的主要内容。对此，孙毓棠等先生做了考证[1]，我们也曾在多年前写过专门的文章，认为它是一架双轴织机[2]。其中提及的八种织具均与经丝发生直接的关系，是这台织机的主要工具。它们应该是：

幅，即幅撑，在《玉篇》《类篇》等书中收为"䈅"，此字应为幅字原形。

画，即是筘，《说文》云："挂，画也"，又云："画，界也，象田四界。"所以我们认为，画与挂是作用相同形状略有区别的织具，挂之形如圭，呈耙状，亦如梳子，因此，挂可以梳理经丝，亦可以打纬，而画显然是把挂的四周全部封起来的形状的今之筘同。敬姜说，画可以"均不均"，就是将经丝均匀地穿入筘中，"服不服"，就是把不服贴的纬丝通过筘的打纬而令其服贴，所以可以推测"画"就是织机上的筘。

物，是一种棕刷，其用途是"治芜与莫"，即丝屑之类，在梳理经丝或上浆之时，要用物来进行。

梱，是一种开口杆，形式为一扁平的细直木杆。它以平置的状态插入由综或是分经木所开的梭口，然后将其立起，使梭口增大而清晰，这就是"持交而不失"；等一梭投完后，开口杆就抽出，新的梭口再开时，梱再插入，这就是"出入不绝"。

综，其含义历来无大变，起到提升经丝的作用。《说文》："综，机缕也"，即指综线，但综线不可能悬空存在，必须绕在一根木杆上，那就是综杆。《一切经音义》卷二引《三苍》："综理经也，谓机缕持丝交者，屈绳制经令得开合也。"敬姜说综是"推而往、引而来者"，亦好理解，原注云："推缕令往，引之令来。"此缕即为综缕，盖提综之时，综离梭口颇近，梭口不会太清楚，把综引近一些可使梭口较为清楚，插入开口杆也较为容易。但等插入开口杆之后，综又得推回到原处，这就是一推一引的原因。

均，是分经杆，又称豁丝杆，是把经丝按一定规律上下分层的工具，使经丝能开出自然梭口，"均"有时写作"构"，《埤苍》云："构，织具，所以理丝经。"

轴，即卷轴，古又称为椱，《说文》云："椱，机持缯者"，系传云，椱，即轴，敬姜说它是正直而固者，显然是一种有架织机上的卷轴了。

摘，即经轴，《集韵》"摘，机上卷丝器"，敬姜说是舒而无穷，显然是指经轴。

从这些机构中可以看出，文中没有提及踏脚板，也没有提及与经丝无关的梭子等，当然，机架是肯定存在的。这样看来，这应是一台水平式的双轴织机，具体地，我们称其为双轴鲁机（图5-1）。

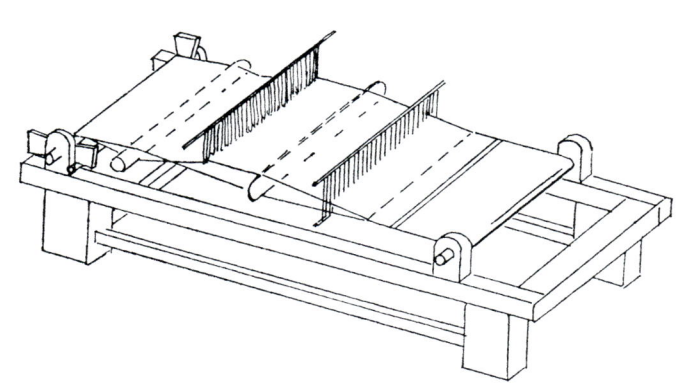

图5-1
复原的双轴鲁机

5.2 《机妇赋》中的织机部件

《机妇赋》是汉代文学家王逸（约 89—158）创作的一篇赋。这篇赋对当时的织机做了较全面的形象化描述，使后人可以大致了解到汉代提花机及所织织物的一些梗概，作者还赞美了织机给社会生活带来物质文明和划时代的变化。全赋行文韵散结合，通晓畅达，富于艺术魅力。原文如下：

舟车栋宇，粗工也。杵臼碓硙，直巧也。盘杆缕针，小用也。至于织机，功用大矣。素朴醇一，野处穴藏，上自太始，下讫羲皇。帝轩龙跃，庶业是昌，俯覃圣思，仰览三光。悟彼织女，终日七襄，爰制布帛，始垂衣裳。于是取衡山之孤桐，南岳之洪樟，结灵根于盘石，讬九层于岩旁。性条畅以端直，贯云表而剀良。仪凤晨鸣翔其上，怪兽群萃而陆梁。

于是乃命匠人，潜江奋骧，踰五岭，越九冈，斩伐剖析，拟度短长。胜复回转，剋象乾形，大匠淡泊，拟则川平。光为日月，盖取昭明。三轴列布，上法台星。两骥齐首，俨若将征。方员绮错，极妙穷奇。虫禽品兽，物有其宜。兔耳跧伏，若安若危。猛犬相守，窜身匿蹄。高楼双峙，下临清池。游鱼衔饵，瀺灂其陂。鹿卢兹起，纤缴俱垂。宛如星图，屈伸推移。一往一来，匪劳匪疲。

于是暮春代谢，朱明达时，蚕人告讫，舍罢献丝。或黄或白，蜜蜡凝脂，纤纤静女，经之络之，尔乃窈窕淑媛，美色贞怡。解鸣佩，释罗衣，披华幕，登神机，乘轻杼，揽床帷，动摇多容，俯仰生姿。

5.2.1 国内外学者的注释

由于这是一篇赋，所以其中的文字多是比喻，并不直接指明，特别难懂。赋中最为重要的是第二段，有不少学者对其进行过注释，其中最为重要和有名的是孙毓棠先生、高汉玉先生和德国汉学家库恩（Dieter Kuhn）。

大部分人认为《机妇赋》所描述的是一种花楼束综提花机（图 5-2），孙毓棠先生的相关解释非常明确地提出了这一观点，但有关他的解释，我们会在后文中说明[1]。再如《中国纺织科学技术史》中说[3]：这段文字前四句讲的是提花机能织出飞禽走兽、骑士花卉等复杂的花纹。"兔耳""猛犬"是织机上的两对机件，"兔耳"是指卷布轴的左、右托脚，它形如"兔耳"，"猛犬"可能是指

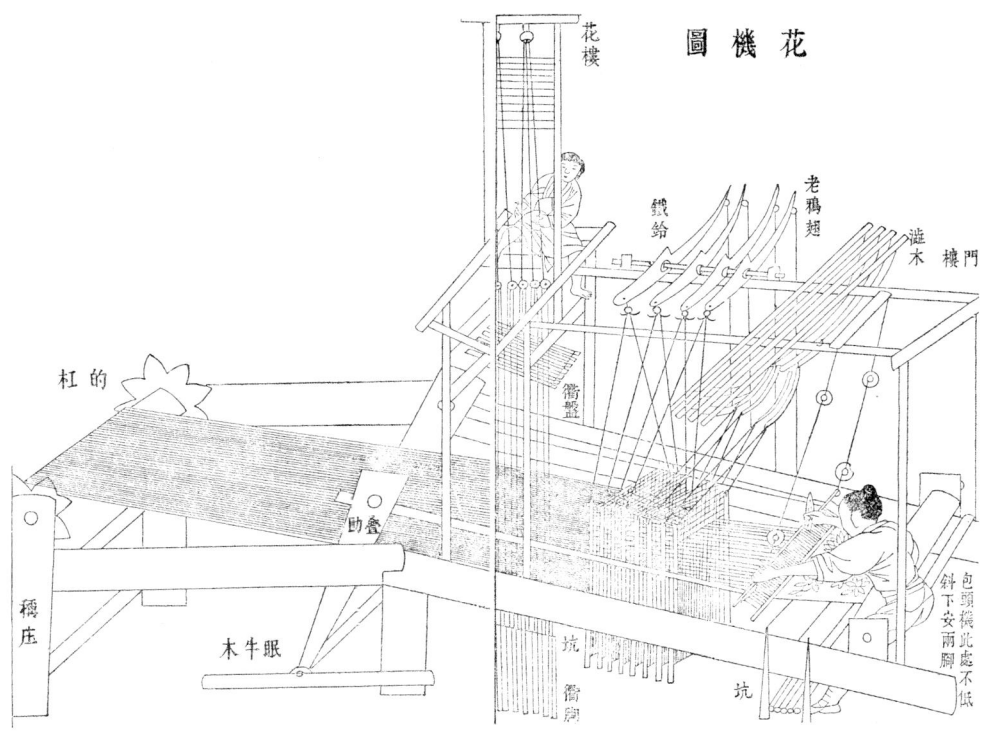

图 5-2 明代《天工开物》中的提花机

打纬的叠助木其下半部在机台下，窜身匿蹄。"高楼双峙"是指提花装置花楼的提花束综和综框上弓棚相对峙。挽花工坐在花楼上，口唱手拉，按设计的提花纹样来挽花提综，俯瞰光滑明亮的千丝万缕的经线，正如"下临清池"一样。制织的龙凤，花卉历历在目"游鱼衔饵"，乃指挽花工牵动束综衢线，衢线下连竹棍为衢脚，极像垂钩一样，以衔饵的鱼比喻衢脚十分形象化。提牵不同经丝，有屈有伸，从侧面看，确如汉代人习惯画的星图，故说"宛若星图"。"屈伸推移"也是一句十分形象化的比喻。"一来一往"形容引纬打纬，动作协调自在。

德国的库恩用英文翻译了《机妇赋》中的部分文字，很明显，他的英文翻译同时也明确地表达了他的理解和解释[4]。

胜复回转，剋象乾形：

Warp-beam and cloth-beam revolve, resembling the heavenly bodies.

大匡淡泊，拟则川平：

The big framework is simple [in structure], the warp threads are like an evenly flowing stream.

光为日月，盖取昭明：

The shafts are lifted and lowered just as the sun and the moon rise and set, imitating the light of the sun and the moon.

三轴列布，上法台星：

Three round beams [warp-beam, cloth-beam and perhaps a back-roller or a second warp-beam] keep the warp threads in good order, imitating the three terraces [with the six stars].

两骥齐首，俨若将征：

The two steeds [the two fork-shaped heads (lichazi 立叉子)] of the swing frame [woniuzi 卧牛子 or mianniuzi 眠牛子] with their heads in parallel are similar to soldiers setting out on a campaign.

方员绮错，极妙穷奇：

The square and round surfaces [of the frame of the loom] are beautifully decorated, minute and endlessly marvelous.

虫禽品兽，物有其宜：

Insects, birds and beasts, they all have their suitable [function].

兔耳跧伏，若安若危：

The rabbit's ears [the bearings of the cloth-beam] are curled both at ease and in action.

猛犬相守，窜身匿蹄：

The fierce dogs [which are the two swing-arms (ligan 利杆 or shengyin 筬引)] are arranged in parallel, [when] stretching their bodies, they hide their paws.

高楼双峙，下临清池：

The high [figure] tower with its double posts towers high [and the warp threads], below resemble a pond of clear water.

游鱼衔饵，瀺灂其陂：

Fishes swim about [darting for bait] and swallowing it, [and one] hears the faint sound [of leaping fish] in [running] water.

鹿卢立起，纤缴俱垂：

The revolving pattern axle [lulu 辘轳 or wenzhouzi 文轴子] [helps when] drawing up [the harness cords] at once, [thereafter] all the harness cords (xianjiao 纤缴) hang down.

一往一来，匪劳匪疲：

[Reed and shuttle] move to and fro, tirelessly...

5.2.2 基于老官山出土提花机的注释

上述这些注释的不同，主要的原因是因为大家对汉代提花机的情况了解太少，基本都是基于对于宋明以后提花机的了解。但韩国的沈莲玉博士提出这可能是一架低花本织机，赵丰此前也有同样的想法。但等到老官山织机出土之后，项目团队又将《机妇赋》中的描述与勾综式提花机进行了比较，觉得这两者之间看起来更相符合。所以我们在这里根据新的想法，用《机妇赋》与连杆式勾综提花机（图5-3）再进行比较后做出最新的解释。

1）胜复回转，刻象乾形：经轴，卷轴

"胜"为经轴，"复"为卷轴，这在多位学者的解释中差别不大。其中"胜"为"縢"的假借字，根据《说文》木部："縢，机持经者也"。《三仓》曰："经所居机，縢也。"这里的"胜"或"縢"是指织机上的经轴，又参考王㐨先生的研究得知现今安阳小屯小营均称经轴为"縢"，而且经轴通常以縢花（四川称为"羊角"）固定。縢花在出土的陶器、棺石雕刻，以及历史文献中关于玉胜、华

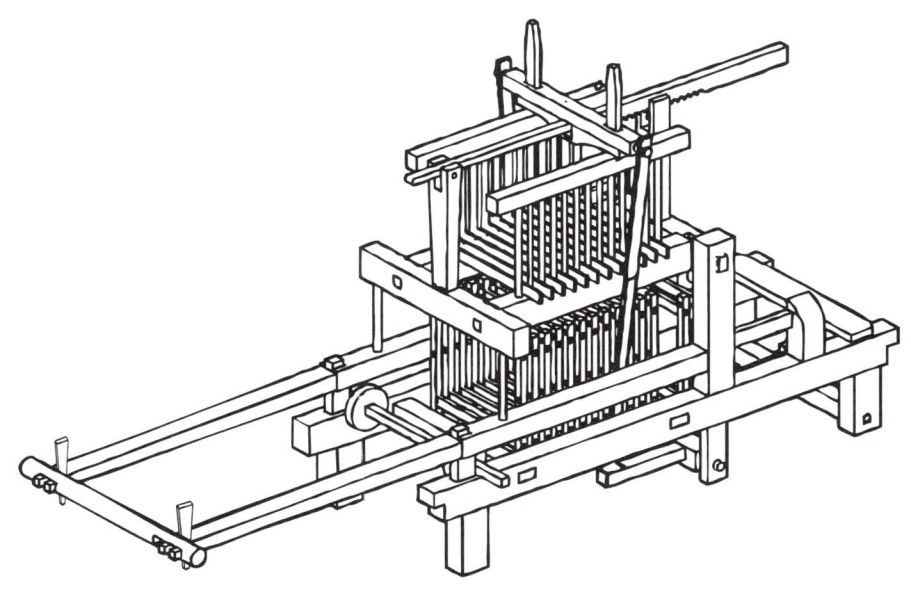

图5-3　连杆式勾综提花机

胜等妇女装饰物的记载都说明了这种八角星纹形制的滕花的重要地位。"复"通"榎""襆""復",《说文》木部:"榎,机持缯者。"

2) 大匡淡泊,拟则川平:机架,持经架

孙毓棠先生指出:"大匡"指大的、长方形的、方正的机架。《说文》匚部:"匡,饮器,筥也。从匚,㞷声。筐,匡或从竹。"《玉篇》:"匡,方正也。"作为动词,匡亦训正。这里的解释非常正确,特别是在老官山织机上,一个基本的机架虽然看起来也像是个框,但这里框里有众多的综框前后重叠,看不出"拟则川平"的那种感觉。而机架后的持经架,则更像是一个专门持经的方框,经丝在这里从机架出来,直到机后的撑经杆,再回到中间的经轴,裸露在机架之后,经丝上没有任何综框穿过,真的像是一条平川。

3) 光为日月,盖取昭明:底经,表经

孙毓棠先生说,这里是拿日月来比喻机架上的底经和面经,这里系用此典,拿日月来比喻面经和底经,一上一下,犹如日来月往相推,并发出光亮。按《系辞》下:"日往则月来,月往则日来,日月相推明生焉。"汉镜铭文也常见此语。如1960年北京昌平白浮村出土的东汉铜镜,铭文作:"内清以昭明,光象夫日月。"

4) 三轴列布,上法台星:经轴,卷轴,撑经轴

孙毓棠先生关于"剋像乾形"的解释是,经轴(滕)、后轴、卷轴(榎)这三者都是轴形,而且等长平行排列在经线的方向上,从上面看与八卦中的"乾"(☰)极为相像。以及"三轴列布,上法台星。"中的"三轴"亦是指滕、榎、后轴组成的三轴。如图5-2所示,经线从经轴引出,绕过后轴(张力调节轴),再到机前的卷轴。

5) 两骥齐首,俨若将征:连杆

孙毓棠先生把两骥齐首称为马头,指代"立叉子"顶端安置的"马头"。这个马头的名称首见于元代薛景石的《梓人遗制》,是否在汉代存在,还是个谜。但与连杆式一勾多综提花机中的部件相比对,则会发现,这一提花机上位于机架两侧的连杆,不仅在形象上有着比较大的相似,而且在行动上也与马身有一定相似之处。所以,笔者我目前推测,这里的两骥齐首,很有可能是指连杆。

6) 方员绮错,极妙穷奇。纹样:菱格和连璧纹

"方"是方形,"员"是圆形,应该指的是织锦的纹样。方形其实也就是菱

形，汉代的杯文纹样就可以算是一种方形的菱格纹，在汉代锦、绮、罗上都有出现（图5-4）。圆形的几何纹样在汉代其实没有见到过织锦实物，但这里所说的圆形很有可能会是连璧纹锦（图5-5）。曹丕《与群臣论蜀锦书》中也提到了洛阳曾产连璧锦。璧是我国古代的玉器，用于祭祀，到汉代也经常可见穿璧交龙的形象。

图5-4　杯纹罗

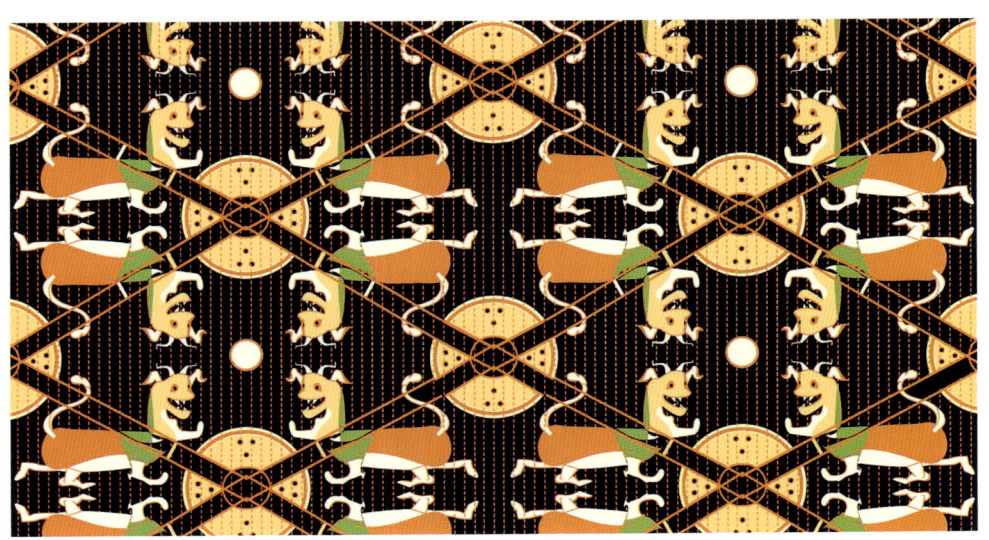

图5-5　连璧锦纹样

图 5-6 云气动物纹锦

7）虫禽品兽，物有其宜。纹样：禽兽动物纹

汉锦中最具时代特征的是云气动物纹锦（图 5-6），就是大量的云纹、汉字，此外就是各类动物。山东嘉祥宋山汉代画像石刻铭文在描述当时的汉画题材时说："交龙委蛇，猛虎延视，玄猿登高，狮熊嗥戏，众禽群聚，万狩云布"。显然，这对当时云气动物纹锦的纹样也十分适用。从记载和实物来看，当时织锦纹样中以动物纹样为大宗。这里的"众禽群聚、万狩云布"，正和"虫禽品兽、物有其宜"相对应。

8）兔耳趺伏，若安若危：卷轴轴承

"兔耳"一词也见于元代《梓人遗制》。《梓人遗制》所记的立机子、罗机子和华机子上都有"兔耳"（图 5-7），其实都是在机架前侧的卷轴这里的装置，

图 5-7 安置卷轴的轴承

是固定卷轴的轴承。这一典故也是千年未变,同一个位置,同样的作用。"若安若危",正是半隐半现。

9)猛犬相守,窜身匿蹄:连杆踏板

孙毓棠先生说,"猛犬"无可考,疑非机上机件的名称,而只是比喻语。但据后世的织机推测,"猛犬"可能指的是《天工开物》中所说的花机上的"叠助木",亦即清代杨屾《豳风广义》的花机上的"撞"。但如与老官山织机相比,这猛犬最有可能是踏板(图5-8),特别是中间有轴,一侧的一块踏板踏下,另一头的两根顶起连杆起来。踏下的就是匿蹄,翘起的就是窜身,特别形象和真实。

图5-8 控制地综运动的踏板

10）高楼双峙，下临清池：隔栅架

这是整个机妇赋中最为关键的几句，决定了汉代提花机的类型。这主要是文中出现了"高楼双峙"一句，所有认为汉代已有花楼提花机的人都将此当作最为重要的证据，如孙毓棠、高汉玉、库恩等。孙毓棠先生说："高楼"系指"花楼"。《梓人遗制》就把织机上的提花部分称为"楼子"，《天工开物》则称为花楼："凡花机，通身度长一丈六尺，隆起花楼，中托衢盘，下垂衢脚。对花楼下掘坑二尺许，以藏脚。提花小厮坐立花楼架木上。"提花的织工坐在花楼上，按照"花本"提花，当他俯瞰机上平滑光洁的经面，确如"下临清池"。但是，这样的花楼其实只有一个楼，为什么是双峙，也没有解释。

但从老官山织机的机型看，也可以看到这一织机上类似于花楼的部分。这一织机中间也是隆起，隆起的部分分为几层，机身之上，有容纳综框的机架，就像一处房屋，而这一机架之上，还有一处隆起的机架，两侧是密密的栅栏，主要来规范上下运动的提综杆。这个栅栏看起来就特别像汉代楼房上的窗户，两侧之间又有横梁相架。所以这里就很像"高楼双峙"。下临清池，就是指穿过重重综框的经线，在外是一片平川，在这里就是一座清池。

11）游鱼衔饵，瀺灂其陂：梭子

顺着清池，就到了游鱼。孙毓棠先生把"游鱼衔饵"比喻衢线和衢脚。由于衢线下端垂着衢脚，他说坐在花楼上的织工，即依照花本提起衢线，他的动作很像垂钓，通过渔线钓起衢脚，正像"游鱼衔饵"。但事实上，游鱼更像是一把梭子，由梭子引出线来投纬，更像是一根钓线钓着一条游鱼。"瀺灂"是描写梭子在梭口中的出没。《文选》卷19宋玉《高唐赋》载："巨石溺溺之瀺灂兮，沫潼潼而高厉"，李善注曰："瀺灂，石在水中出没之貌"，就像梭子在开口的经线之中出没，形象真实而准确。

12）鹿卢㸒起，纤缴俱垂：联动地综

孙毓棠先生说："鹿卢"今通作辘轳，即滑车。这样的辘轳，在老官山织机上正有其事，就是挂着两片地综的线绳，上面就连着一对辘轳。也就是说，一对辘轳各挂有绳线，绳线的两端各挂着一片地综（图5-9）。地综下各连着一片踏脚板，共两片，一片踩下，另一片就被提起来，这是一种具有联动踏板机构的装置，其外形与后世的联动式踏板织机几乎一样，但由于它采用的不是固定综眼，所以其运动原理，和后面典型的联动式踏板织机还是不一样的。纤缴俱

图 5-9
勾综提花机上的滑轮和综框

垂，指的是这两片综框里的综线垂直而下的样子。

13）宛如星图，屈伸推移：脚踏板，连杆，选综齿杆，提综勾的整套机构

孙毓棠先生说，花机在织作时，衢线、马头（或由马头变化而成的特木儿、老鸦翅等）、综等各机件牵提不同的经丝，错综曲折，有屈有伸，从侧面看，确如东汉的星图。这个解释也有一定的道理，但从连杆式提综转动装置来看（图 5-10）[5]，从脚踏开始，到连杆上推，到提升综片，这一连串的机构连动，特别"宛若星图"，而"屈伸推移"更像是织机顶上的选综杆，也需要一格格地移动、变化，有屈伸、有推移，是一句十分形象化的比喻。

14）一往一来，匪劳匪疲：筘

孙毓棠先生说："《列女传·鲁季敬姜传》说'推而往，引而来者，综也，综可以为关内之师'。'综'字皆当作'捆'，捆即是筘。"他认为"综"即"推而往""引而来"，不一定准确。但他所说"一往一来"应该是把筘推开和拉来

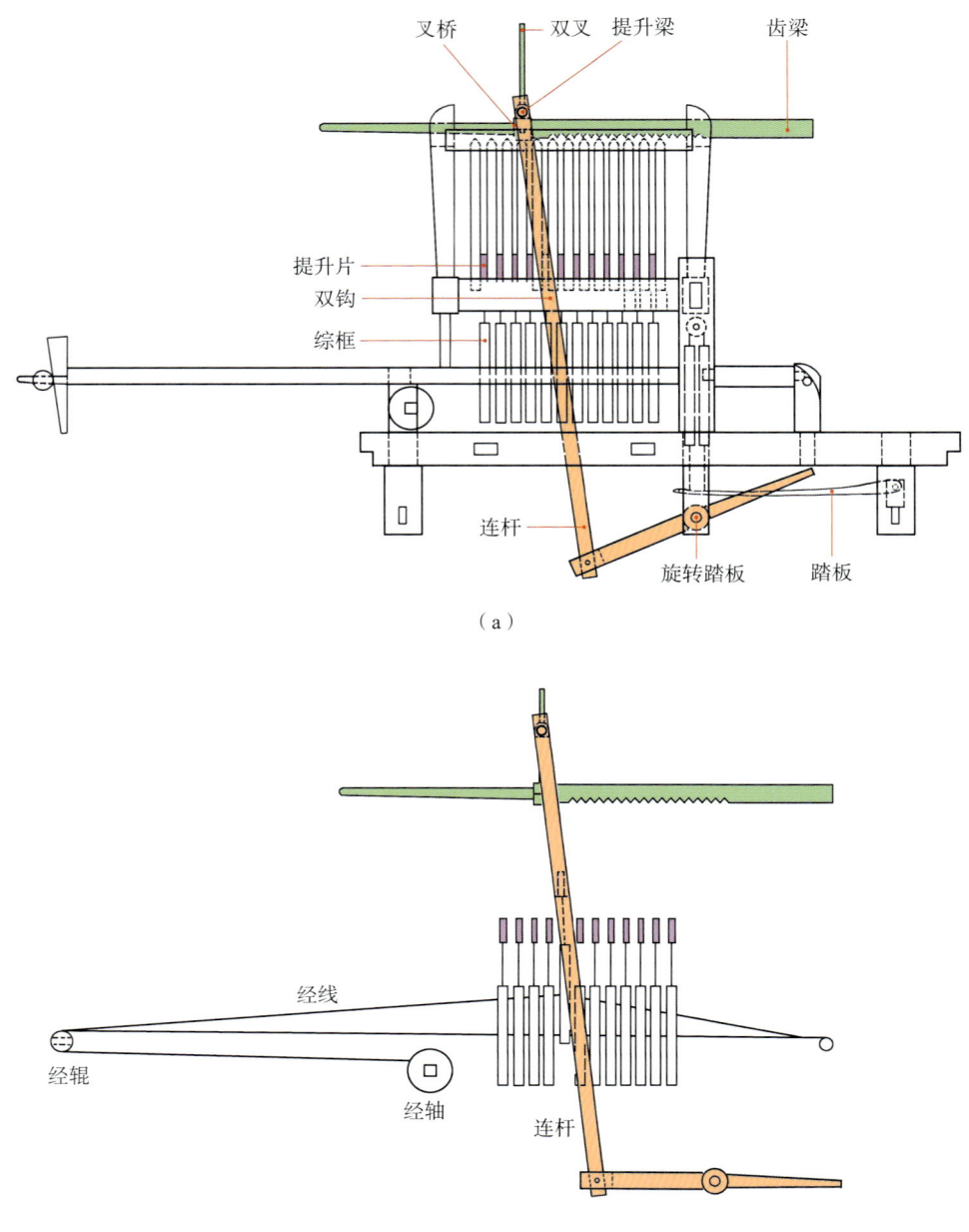

图 5-10 连杆式提综传动的侧视图

的过程,这一点还是合理的。但也有可能是顺着上一句"宛如星图,屈伸推移"而下的,指的是一次次踏板提综,逐渐推移,织完一个图案循环之后,再重新开始。"匪劳匪疲"则言织工操作的熟练自如,最后织成织物。

这样将《机妇赋》原文完整解读下来,我们就可以看到,这一段《机妇赋》其实还是一段非常有序的、真实的写作。王逸从织机的机架开始讲起,特别是后机架持经框上的经线开始写起，经线如平川。然后到经线上的三轴、经轴、撑经轴和卷轴。再从后到前，从下到上，然后是从高楼俯视清池，看到游鱼衔饵。最后是总结整套动作宛如星图的推移。作者的整个思路还是非常清楚的。

5.3 《三国志》中的多综多蹑织机

多综多蹑织机最明显的历史记载是汉宣帝时的《西京杂记》："霍光妻遗淳于衍蒲桃锦二十四匹，散花绫二十五匹，绫出巨鹿陈宝光家，宝光妻传其法，霍显召入其第，使作之。机用一百二十蹑，六十日成一匹，匹直万钱。"其中描述的这台织机使用了 120 片蹑，60 天就能织成一匹价值万钱的布，可见织机的复杂程度以及陈宝光妻子织造技艺的高超。

关于多综多蹑提花机最详细的记载是《三国志·魏志·方技传》中的裴松之注："马钧思绫机之变，不言而世人知其巧矣。旧绫机五十综者五十蹑，六十综者六十蹑，先生患其丧功费日，乃皆易以十二蹑，其奇文异变。"从文中来看，旧绫机的时代当在汉代或更早，其综片数总是和踏板数相等，显见其综片和踏板有着一一对应的关系，而且数量较大，故被称作多综多蹑机。这种多综多蹑机虽称绫机，但无疑也可用于织锦。因此，我们认为在汉代的北方地区，主要流行多综式织机织造提花织物，主要的应是多综多蹑机，但也有可能是多综杆的织机。从当时的织物生产记载来看，黄河流域都是汉魏织锦的主要产地，在山东、河北一带，"锦绣襄邑，罗绮朝歌"，在后赵石虎的织锦署中，生产各种纹样的织锦如登高、博山、茱萸、葡萄、交龙之类，在曹丕《与群臣论蜀锦书》中也提到了洛阳所产如意、虎头、连璧锦等。大量西北地区出土的提花织物应该来自这一地区，吐鲁番文书中有关于魏锦的记载，就应是指北方魏地生产的织锦。

对于文中所提的多综多蹑机，胡玉端先生曾把四川双流县发现的丁桥织机作为多综多蹑机在民间尚有保存的类型[6]（图 5-11）。至于文中提及的马钧改机，学者们结合丁桥织机的发现，一直在揣摩并提出了各种实现省蹑的改造方案。

周启澄先生有极好的研究，根据他的研究，这可能是用两套踏板机构进行

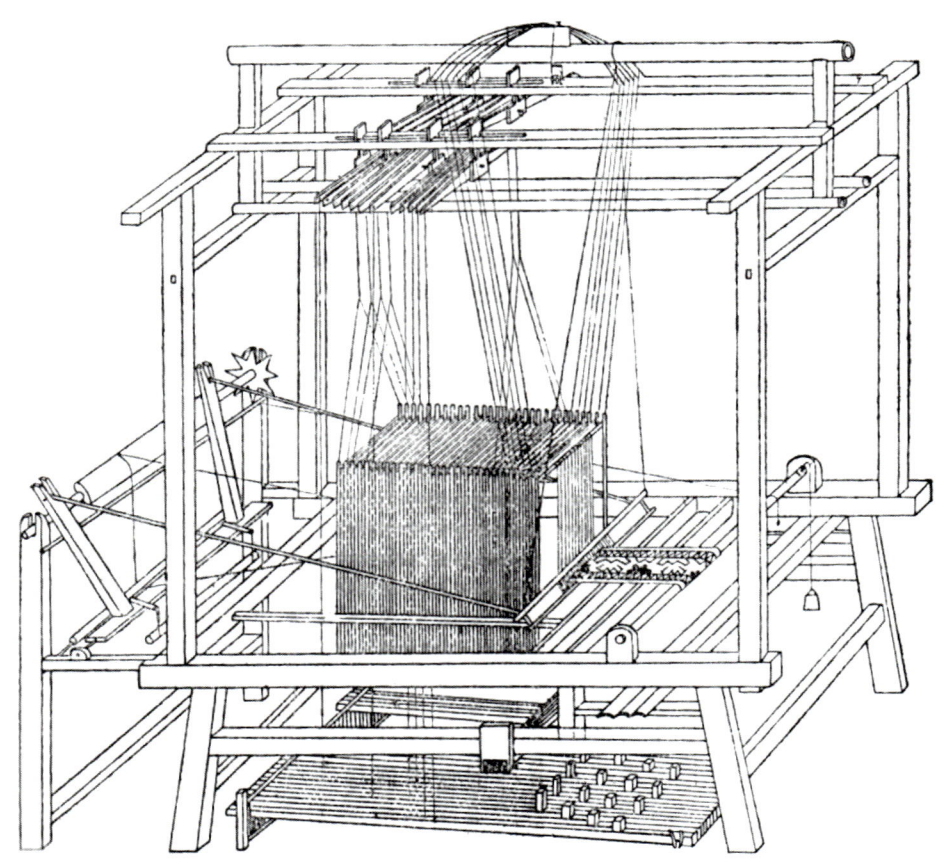

图 5-11　丁桥织机，胡玉端的线描图

组合后所形成的机构[7]（图 5-12），其机关巧妙之处在于吊综线并非绷紧而是松弛的，被提升的这片综需要同时获得一挽一提的两个动作，这两个动作对应由两个踏板相对应，这种形制与后世贾卡织机的纹针与纹板之间相互配合提花的本质有着异曲同工之妙。罗群先生则提出过另外一种省综省蹑方法[8]，其本质是将踏板分为两组，一组踏板专司选择相应的横沿木（横沿木与提升踏板间的连线事先设置成了松弛状态），另外一组起着实际提升作用的踏板也就对应了一组综片。也就是说，如果有 x 个选择踏板和 y 个提升踏板，组合之后就有了 $x×y$ 种配合。这样通过踏板的排列组合以及横沿木连线的张弛配合，实现了少量踏板控制多数综片的目的。罗群先生还提出两种不同于一般多综装造形式的多综多蹑提花织机的装造形式[9]：其一是省综多综装造形式，通过增加综片垂直方向的高度从而减小其水平方向的厚度，实质则与低花本织机一致，但在提花时的操作却有着不同之处；其二是无综梁多综装造形式，将纹综按照

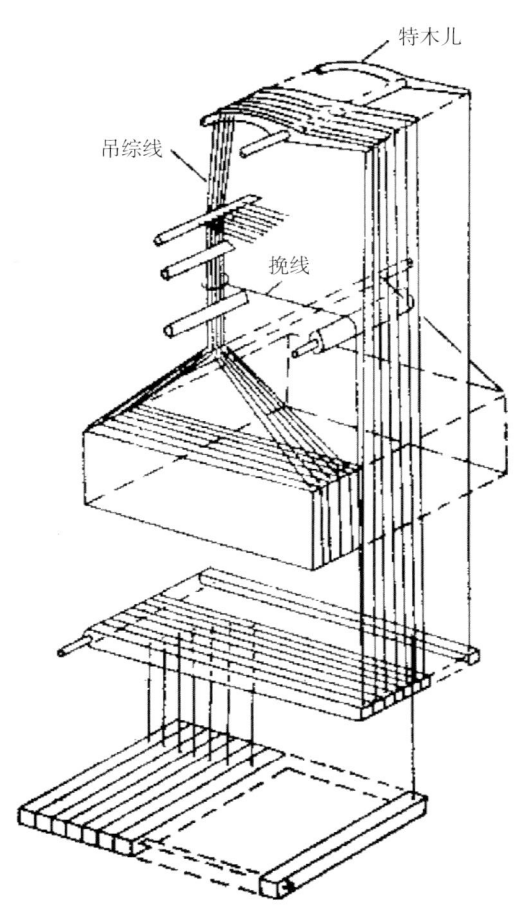

图 5-12
周启澄关于"马钧改机"的推测图

经锦的 n 重经组织分为 n 部分,那么每个部分则代表了一种相应的色经,在每一部分需要提起的经线按照相应规律提起后再将这些分开的部分对应地合并到一根鸦儿木上。但这些可能是一种技巧上的改造,因此,它只是被记载于方技,而在民间得不到广泛的应用,在出土实物和传世织机中得不到任何的印证。

综上所述,多综多蹑织机可以实现节省踏板的想法,与史料也较为吻合,但是在碰到纹纬数量较大的情况时,其形制本身存在不可逾越的制约。随着纺织科技史以及民族学调查的深入,项目团队在云南调研发现的多综多蹑机的形制相对于丁桥织机来说则更为原始[10],在云南省德宏州芒市的芒核村还保留了这类织机(图 5-13),其综片和踏板数为 5 片,多者达到 10 多片应该没有问题。它的传动方式非常直接,依靠杠杆与踏板直接控制综片的提升,并且其织物风格与汉绮非常相近(图 5-14)。

图 5-13　云南德宏州芒市芒核村多综多蹑机

图 5-14　云南德宏州芒市芒核村多综多蹑机织物

参考文献

[1] 孙毓棠.释关于汉代机织技术的两段重要史料[A]//中国纺织科学技术史编委会.中国纺织科技史资料[M].北京：纺织科学研究所，1980（1）：21-49.

[2] 赵丰.《敬姜说织》与双轴织机[J].中国科技史料，1991（1）：63-68.

[3] 陈维稷.中国纺织科学技术史·古代部分[M].北京：科学出版社，1984.

[4] Kuhn D. An Epic of Technical Supremacy: Works and Words of Medieval Chinese Textile Technology[M]. Zurich: Abegg-Stiftung., 2022.

[5] 罗群.成都老官山汉墓出土织机复原研究[J].文物保护与考古科学，2017，29（5）：26-32.

[6] 胡玉端，王君平，余涛，等.从丁桥织机看蜀锦织机的发展——关于多综多蹑机的调查报告[A]//中国纺织科学技术史编委会.中国纺织科学技术史资料[M].北京：纺织科学研究所，1980（1）：50-62.

[7] 周启澄，屠恒贤，程文红.纺织科技史导论[M].上海：东华大学出版社，2003.

[8] 罗群.古代多综多蹑织机省蹑机构原理分析[J].丝绸，2008（4）：43-45.

[9] 罗群.古代多综多蹑提花织机结构及装造形式探讨[J].丝绸，2011（5）：45-47.

[10] 龙博，赵丰.中国古代早期提花织机的核心：多综提花装置[J].丝绸，2020，57（7）：72-77.

第 6 章 复制「五星锦」

中国古代织机与织造技术是中国古代科技中的重要组成部分。2012年，成都老官山汉墓中出土了四台织机模型及相关文物，是由中国考古研究人员发现的唯一完整的西汉时期的提花机模型，也是世界上发现最早的提花机模型，填补了中国乃至世界纺织科技史的空白，是当时世界织机的最高技术水平。

丝绸是开创丝绸之路的原动力，古丝绸之路沿线出土了大量汉唐时期丝绸。新疆尼雅遗址是典型的汉晋时期内陆沙漠绿洲型聚落遗址，《汉书·西域传》中记载的"精绝国"故地。1995年，"五星锦"护膊在新疆尼雅墓地（M8：15）出土，体量虽不大，但是堪称20世纪中国最伟大的纺织考古发现之一，是目前所知经线密度最大的、织造难度最大的汉锦。

2018年，基于成都老官山汉墓出土的四台织机模型，项目团队利用这类多综提花织机的织造技术复制"五星出东方利中国"锦护膊，完整复原了汉代提花织机及其提花织造技术体系，即实现了"汉机织汉锦"。

6.1 "五星出东方利中国"锦的复制

"五星出东方利中国"锦护膊出自新疆尼雅墓地（M8：15），长18.5 cm、宽12.5 cm、带长21.0 cm，另有"诛南羌"锦残片（M8：41）一片。此锦图案总体采用山状云作骨架，沿织锦纬向连续铺展。自右边起依次有两鸟、独角兽和虎，并伴以铭文"五星出东方利中国"，在铭文旁还有两个圆点纹代表五星中的两星。在工艺上，此锦采用1∶4平纹经重组织，整个图案不分色区，均以蓝、绿、红、黄、白五色织出，五星的图案也恰好由这五种色彩表示。经密220根/cm，纬密24根/cm，图案经向循环有84根夹纬，长7.4 cm，远远大于普通的汉魏织锦，因此，它是汉式织锦最高技术的代表。文物分析如下。

6.1.1 织物详细参数测定

根据实物（图6-1），借助于放大镜、显微镜、经纬密度仪和标准蚕丝样本，可以较为准确地测定以下技术信息。

使用放大镜或显微镜获取"五星锦"的组织结构信息（图6-2）。文物经线按色彩不同分为红色、黄色、蓝色、绿色和白色五种，纬线为单色。经纬交织

图 6-1 "五星锦"文物照片

图 6-2 "五星锦"局部

成五重平纹经锦，基本组织是经五重组织。五种不同色彩的经线根据纹样的要求交换沉浮，呈现图案。

使用经纬密度仪选择多处结构较完整的织物区域分析经纬密度，进行比较分析和确定，该件文物的经密为 220 根 /cm、纬密为 24 根 /cm。

使用显微镜，通过标准蚕丝样本比对获取经纬线的纤度。由于分析的织物对象是文物，故不能采集大量实物称重计算纤度，只能借助显微镜和标准蚕丝样本中接近纤度的丝线做对比。首先确定计算纤度，通过它计算织物平方米重量与文物对比、调整，最终确定经线为 6/20/22D 桑蚕熟丝，纬线同经线。

根据残片照片中图案的相连位置和实测的五星锦残片尺寸，推算文物内幅为 45.4 cm、外幅为 47.6 cm、左右幅边各为 1.1 cm。

根据对残片经密检测和门幅的估算，推算总经线数为 10 470 根，边经为 480 根，左右各 240 根。

6.1.2 织物规格确定

根据以上测试数据，经综合整理，制定织物的规格，见表 6-1。

表 6-1 "五星锦"规格

筘宽 47.6 cm= 内幅 45.4 cm+ 幅边 1.1×2 cm，筘号 11，每筘穿入 20 根，总羽数 524 羽				
边筘号：11		边筘齿 12×2		边经 240×2
经线数：内经 1 998 组 ×5+ 边经 48 组 ×2×5= 总经 10 470				
正面基本组织：重经组织				
经组合	红色、黄色、蓝色、绿色和白色	（1/27/29D 8T/s×3）6 T/z 或（1/20/22D 8T/s×4）6 T/z		定量：105.56 g/m
纬组合	蓝色	（1/20/22D 8T/s×4）6 T/z		定量：11.00 g/m
成品规格	外幅（cm） 内幅（cm）	46.6（筘缩率：44.5/45.5） 44.4	经密，纬密 平方米重 200.1 克	225 根，24 根 克（练减率：20%）
织机装造：意匠纵格数 2 093 格，横格数 84 格				
地综 20 综一把，51 把，1 020 综，51 个锁结，锁综线缩短 65 cm				

6.1.3 纹样复原

根据"五星锦"文物残片，可以清晰描绘出整幅纹样的一个局部，根据出土报告中的各个残片以及相似文物的照片，拼合描绘出一个整幅纹样，再对照照片对整幅纹样中局部单元进行清晰绘制，图案由写意的云气、动物、铭文等组成（图6-3）。整个纹样幅宽45.4 cm，占据整个织物门幅，一个经向纹样长度7.4 cm，根据组织结构确定其中84根地纬，另84根纹纬，经线色彩为五种。

图6-3 "五星锦"纹样图

这件织锦出土在尼雅，"五星锦"是一块护膊，另外又有一块小的碎片，其铭文是"诛南羌"，从其余图案的样式来看这两件是能连起来的，所以应该是从一件织锦上裁剪遗存下来的，可将出土的两件实物比对拼合出部分完整的"五星锦"图案（图6-4）。

图6-4 "五星锦"图案

由于出土文物只有两块残片，在当时对整个图案的复原只能做到："五星出东方利中国诛南羌"。过了中轴线"诛南羌"后面是什么文字无法确定，项目团队通过对比很多的案例，其中找到一件织锦的铭文是"绮伟并出中国大昌四夷服诛南羌乐安定与天毋疆"（图6-5），这里用的是"诛"。

图 6-5 "绮伟并出中国大昌四夷服诛南羌乐安定与天毋疆"锦图案

最后项目团队又找到了更多的汉代织锦实例,根据这些出土织锦,我们最终确定"五星锦"的全部铭文是"五星出東方利中國誅南羌四夷服單于降與天無極"(五星出东方利中国诛南羌四夷服单于降与天无极)(图 6-6)。

图 6-6 "五星锦"纹样图与实物拼合

通过图案复原,可以看到总体采用山状云作骨架,沿纬向连续铺展。自右边起依次有鸟、独角兽和虎,其间织有铭文"五星出东方利中国诛南羌四夷服单于降与天无极"。织物以红、黄、蓝、绿、白五色经线显花,上有不同颜色的五个圆点代表五星,五星作为天文占星学上的用语,与汉代五行思想有关。《史记·天官书》中就有"五星分天之中,积于东方,中国利……"的记载。这类织锦最早出现在西汉晚期，流行于东汉中后期直至魏晋，在丝绸之路沿途的楼兰和尼雅有大量出土，通称其为汉锦，其中拥有五种颜色的高档织锦特称之为"五色云锦"。

6.1.4 意匠绘制

意匠图绘制是严格按照图案纹样并结合织物组织结构，将经线的显花规律描绘在意匠格上的过程，也是复制品能否达到与原文物形似和神似的关键。根据原文物组织特点，设定意匠图中每一纵格代表五根不同颜色的经线中在表层显花的经线颜色，纵格数为2 093；每一横格代表两根纹纬，横格数为84（图6-7）。绘制时，首先根据纹样确定各个图案单元在整体中的位置，然后根据文物残片照片对于对应单元进行仔细比对绘制。

图6-7 "五星锦"意匠图局部

6.2 滑框式一勾多综提花织机的改进

6.2.1 织机改进

在汉代勾综提花织机复原和交龙对凤纹锦复制的过程中，项目团队在复制过程中遇到了一些问题，并进行了总结。

1）滑框提升时阻力较大

因为滑框自重较大，并且中轴踏板在模型织机上不是一个省力的杠杆，所以一是要选择韧性好但重量轻的木材做滑框，二是在设计上将滑框的受力作用点尽量控制在机后,增大织工与作用点之间的距离,从而可以将中轴踏板设计为省力杠杆。

2)选综横梁前后移动时阻力较大

在前后移动选综横梁进行选择对应纹综的过程中,选综横梁的底部是直接与机架以面的方式接触,这样增大了前后移动时的摩擦力,通过后续在横梁上加装凸起装置,使面接触转变为点接触,显著降低了摩擦力,使得选综横梁的前后移动更为方便省力。

3)综片刚度

因为经锦组织结构的特征,无论在地综开口还是提花开口时,都需要提起一半数量的经线,而且一般经锦的经密大,经线数量多,每次通过综片提起经线时,综片会承受很大的反向作用力,甚至有时会直接将综片崩裂。如果花纹更加复杂,提花纹杆数量需要增加,综片的厚度必然受到制约,这种矛盾一直存在于多综织机的织造技术中。

项目团队已复原的真实大小的 186 号勾综提花织机上实际安装的纹综综框数量是 26 片,用它成功织出战国时期的交龙对凤纹锦,实际上预留的栅栏和纹综数量达到了 42 片,但是因为所用的木材质地、尺寸和所受的作用力与需要 84 片纹综框数的"五星锦"之间不完全吻合,所以后续选用了质地更坚硬、变形小的优质木材,改进重做了一台适合织造五星锦的织机(图 6-8)。

6.2.2 复制过程

采用分耙手工整经,利用掌扇提高效率,耙距为 6 m,共 4 个来回,整经长度为 24 m,上架筒子数为 8 个。经线按五根不同颜色为一组,总计 2 094 组。首先按照意匠图挑制花本,然后过花至经线上(图 6-9),再严格按照转移至经线之上的纹样将 10 000 余根经线分别穿入 84 片纹综的综眼之中(图 6-10)。然后,将经线以组为单位分别一前一后两个地综。最后穿入竹箝。

织机采用滑框式勾综提花织机,织造操作由两人完成,一人专司织造,一人辅助(图 6-11)。由于属于同样的织造原理,织工在织造之时,按照第 2 章中交龙对凤纹锦一样的织造步骤,循环往复织造,即可织造出完整的"五星锦"织物(图 6-12)。唯一不同的是,"五星锦"的纹综数量是 84 片。

(a)

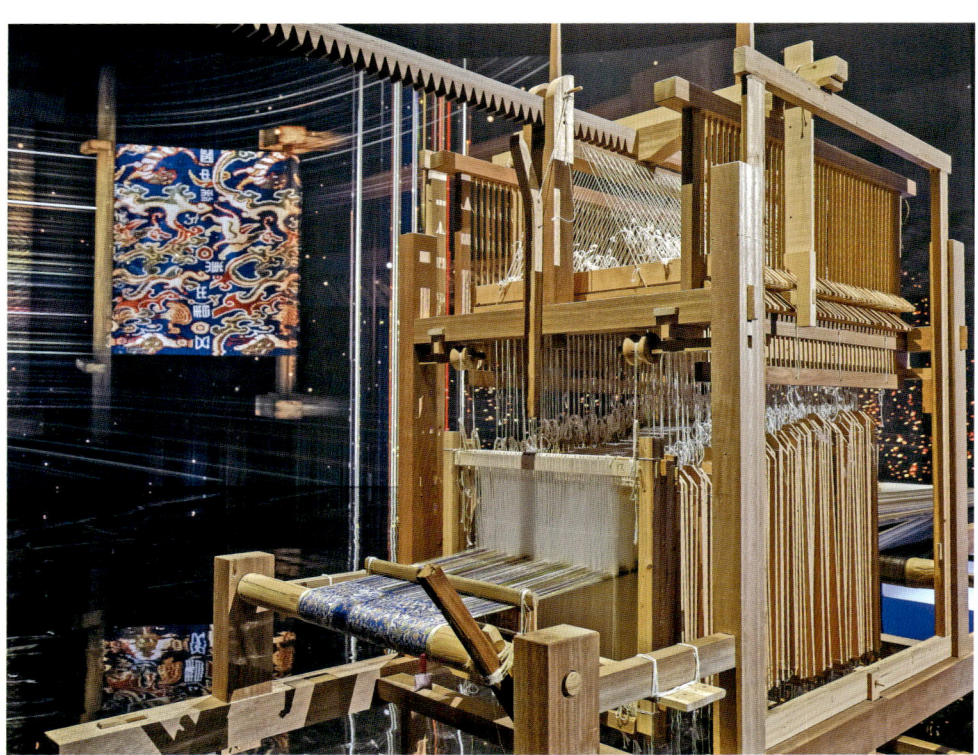

(b)

图 6-8　改进的滑框式勾综提花织机

图 6-9　过花

图 6-10　穿综

图 6-11 织造演示

6.2.3 成果评价

整个复原过程中,最关键的就是提花技术。所谓的提花技术也就是一种经线开口的技术,普通的平纹组织虽然也需要开口,但这种开口在整个织造过程只有两种规律的梭口,而遇到复杂的、有图案的丝织品这种开口也很复杂,很难操作,也极难记忆,必须将这种复杂的开口信息用各种安装在织机上的提花装置将其储存起来,以使得这种记忆的开口信息得到循环使用。这就好像是今天的计算机程序,编好这套程序之后,所有的运作都可以重复进行。神机妙算,如果"机"是指织机,那么"算"就是指提花程序。

2017 年 7 月 25 日,中国丝绸博物馆主持的"汉代提花技术复原研究与展示——以成都老官山汉墓出土织机为例"课题顺利通过验收。课题组以成都老官山汉墓出土的四台织机模型及相关文物为研究对象,对其进行了整理和测绘,研究和探索了汉代提花织机类型与提花原理,根据研究成果制定了切合历史、实际可行的复原方案,成功地复制了相关纺织工具、复原了纺织生产技术,制作 3D 展示系统诠释了出土织机模型的工作原理与织造技术。课题组完成了

图 6-12 "五星锦"复制品

以下工作：4套复制的织机模型、相关辅助工具及木俑等，4份研究报告；2套复原的提花织机与2件蜀锦复制品，1套汉代提花织造技术的3D展示系统；2篇专业期刊上发表了英文论文，并相继被知名网络平台大篇幅报道。

在"五星锦"复制项目的中期检查会上，国家文物局博物馆与社会文物司巡视员罗静认为，该复制工作从模型→织机→织物的研究，是一个完美的还原研究过程；"让文物活起来"，就是要对文物的历史、艺术、科学等真正的价值进行深入的研究；中国丝绸博物馆的"五星锦"复制工作就是对文物的科学价值的深入挖掘。博物馆的展览就需要大量的学术工作做支撑，要做到学术立馆。北京大学考古文博学院教授、当年赴尼雅的考古队队员齐东方认为，"五星锦"的复制工作非常成功；在观摩复制出的织机织造五星锦的过程中，他非常兴奋；"五星锦"的成功复制是对尼雅出土的织物研究的极大促进，对丝绸之路的研究有重要的贡献。新疆维吾尔自治区文物局副局长李军也是当年尼雅考古队的队员，他回顾了当年"五星锦"出土的发掘过程，讲述了"五星锦"的重要地位；李军认为将"五星锦"的复制与老官山汉代织机模型结合研究，具有重大意义，这不是一个简单的复制研究，而是一项很复杂的研究工程。

第7章 蜀锦作坊的还原

很明显，在成都老官山 M2 汉墓底箱中的发现，不只是当时成套的蜀锦织机和织造辅助工具，同时还是一个成都典型的蜀锦作坊的发现。所以，项目团队不仅要根据出土织机和辅助工具还原当时的织造工具和织造技术，还要根据出土的木俑还原一个当时的小型蜀锦丝织作坊。

7.1 作坊里的工匠

目前所知老官山 M2 底箱里出土的共有 4 台织机、3 套络丝工具、2 架纬车和 1 套整丝工具，与此相对应的，还有 15 个彩绘木俑出土（图 7-1），发掘清理时由于底箱中水位的变化，木俑位置已经发生改变，大部分都是倒在底箱之中。

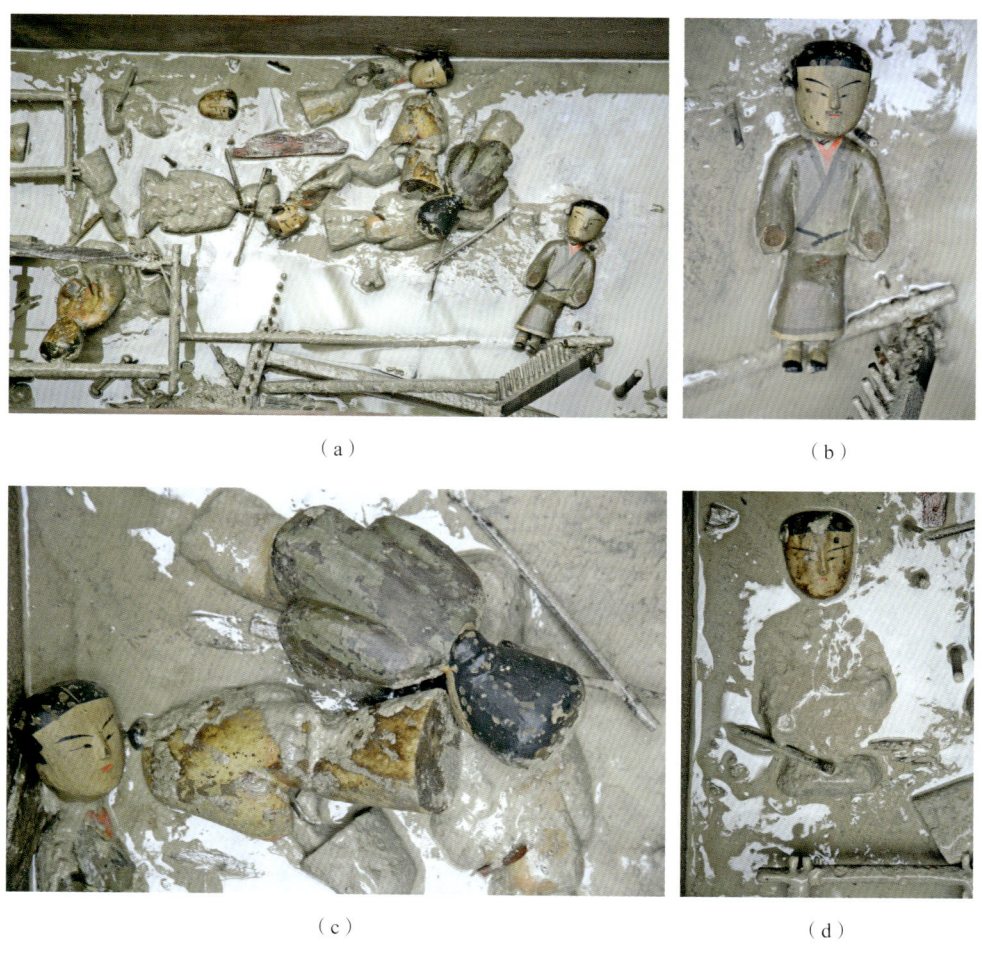

图 7-1　彩绘木俑出土时的情景

从俑的不同身姿和身上不同铭文推测，他们应该是作坊里司职不同的工匠。整个底箱，应是汉代蜀锦纺织工场实景模拟再现。我们可以进行仔细的分析和推测。

7.1.1 坐姿男俑 4 人

底箱所出的木俑有 4 个带领男性，编号 M2：200 的男俑高 26 cm、肩宽 8 cm、厚 4 cm，应该是坐在织机凳上的坐姿，红色内衣领，外穿长袍，腰间系深色腰带，但袍长不及脚，脚上穿鞋，但露出脚背，像是脚踩织机的踏板，应该是 4 位织工（图 7-2～图 7-5）。男俑双手前伸，似在投梭织布。这 4 个男性木俑与 4 台织机正相对应。因为织造过程中踩下踏板和上推提综时都需要较大的力量，所以必须由男性织工完成。甚至时至今日，成都城中传统蜀锦织造中的织工仍然是男性。

图 7-2　男俑 1

图 7-3　男俑 2

图 7-4　男俑 3

图 7-5　男俑 4

7.1.2　跪坐女俑 3 人

其余木俑均无胡须,可能都为女性,但其姿势各异,手势不同。其中 3 人着地跪坐,左右手各有高低。

其中有一女俑有红色内衣衣领,外穿红领右衽长袍,袍上写有"常利"两字,很有可能就是她的名字(图 7-6)。

跪姿女俑 2 和 3 都是穿红领内衣,外穿深色上襦,下身露出浅色内袍下摆,或是裙摆(图 7-7、图 7-8)。

图 7-6　跪姿女俑 1

图 7-7　跪姿女俑 2

图 7-8　跪姿女俑 3

7.1.3 坐姿女俑 5 人

皆为红领内衣，外套深色上襦，下身露出浅色袍或裙的下摆坐姿。其中 4 人双手弯曲平持，1 人双手摊开（图 7-9～图 7-13）。

7.1.4 站姿女俑 3 人

红领内衣，本色上襦，亦为红领右衽，下露出内袍下摆或是裙摆，腿微弯曲，看不到鞋。胸前均有文字，或为其姓名（图 7-14～图 7-16）。

图 7-9　坐姿女俑 6

图 7-10　坐姿女俑 7

图 7-11 坐姿女俑 8

图 7-12 坐姿女俑 3

图 7-13 坐姿女俑 4

图 7-14　站姿女俑 1

图 7-15　站姿女俑 2

图 7-16　站姿女俑 3

目前来看，除了 4 位男俑的工作比较明确是 4 台织机的织工之外，其余的丝织辅助工具数量和工匠的数量还无法直接明了地对应起来，我们可以根据同时期和后世的丝织作坊工匠的一般配置进行一些分析和推测。

7.1.5 作坊主，M2 女性墓主人

老官山发掘的 4 座西汉时期土坑木椁墓，尽管墓室被盗，但从墓葬形制和出土重要遗物分析，应该是一处有较高身份地位的西汉木椁墓墓地。但关于墓主人的身份，我们了解并不很多。

在 M1 出土漆器上有"景氏"铭文。文献记载景氏曾为楚之望族，西汉初年景氏贵族迁至关中一带，后景氏一支又入迁蜀地[1]，墓主或与此有关。

至于 M2 的主人，由于墓室曾被盗扰，现场较凌乱。目前来看，经过盗扰后的 M2 墓主，保存较好的骨骼主要有颅骨、颈椎、胸椎、腰椎以及骶椎和髋骨；部分肋骨、左侧肩胛骨、锁骨等，均有不同程度残损。尽管墓主缺失了很多骨骼，但考古学家经过初步判断，认为所有骸骨应属于一个个体。阶段性成果显示，M2 墓主是一位死亡年龄在 45~50 岁的女性个体，从保存的人骨标本来看，她的身材应当中等，高鼻梁，五官比例协调，口腔有龋齿，腰椎有损伤，应该是个经常参与织造工作的女性[2]。

所以，项目团队认为，老官山汉墓 M2 墓主人尽管陪葬丰富、身份尊贵，但她显然要亲自参与劳动，而且强度可能还比较大，这在骨骼保留的痕迹上显露无遗——她罹患有严重的骨骼损伤。腰椎病、骨质增生、肘关节炎等疾病带来的伤痛，仍然沉淀在骨骼上，发育明显的肌嵴，显示 M2 这位女性积劳成疾，生前参与了繁重的体力劳动，造成髋骨骼结节周围骨质异常发育，骨质增生的病理现象清晰可辨。

7.2 蜀锦作坊的工匠构成

现在我们从汉代的丝织作坊的规模以及中国历代丝织作坊的一般配置，再来看一个蜀锦作坊的工匠构成的情况。

7.2.1 汉代的丝织作坊

汉代的丝织作坊大约可以分为官营作坊和民间作坊两大类，前者可包括京城的东西织室、丝绸产地的服馆或织造官，后者可以包括民营专业作坊和普通的家庭劳动两种情况。

西汉时，京师长安设有专为皇室服务的官府织造作坊。《汉书·百官公卿表》云："少府属官有尚书、符节、……考工室……东织、西织、……十官令丞。"河平元年（公元前28年）省东织，更名西织为织室，绥和二年废。由此可见东、西织室均属少府，由"织室令丞"主管。西安汉城曾经出土"织室令印"铜印[3]。汉高祖时萧何建未央宫，内有织室、暴室等，与蚕桑、丝绸有关。据《三辅黄图》记载[4]："织室在未央宫，又有东西织室，织作文绣郊庙之服，有令史，……暴室、主掖庭织作染练之署。"汉元帝时（前74—前33），年预算经费达"东西织室五千万"[5]。

东汉时，汉室东迁洛阳，约在永平六年织室恢复，织室官署依然存在，但改隶御府，由尚方令兼织官绶。不到30年，织室就被停织，《后汉书·皇后纪》云[6]："又御府、尚方、织室锦绣、冰纨、绮縠、金银、珠玉、犀象、玳瑁、雕镂玩弄之物，皆绝不作。"此后，再也没有见到关于织室的记载。

除了长安的东西织室，汉朝政府在全国各丝绸产地也设有服官，监督和管理皇室织物与服饰生产的官员，当时在齐郡临淄和陈留郡襄邑县均设有服官。

在齐郡临淄所设之服官，为汉皇室监督织造春、夏、冬三季的织物与服饰，故称为"三服官"，专为皇室制作高档精美丝织品。《汉书·元帝纪》李斐注云："齐国旧有三服之官，春献冠帻，縰为首服，纨素为冬服，轻绡为夏服。"据唐颜师古解释：縰为方孔纱，纨素就是绢，轻绡就是轻纱。三服官为汉皇室监督织造春、夏、冬三季的织物与服饰，故称为"三服官"[7]。但到元帝时（前74—前33），齐三服官的规模相当大，工匠有几千人，每年耗费资金巨大。当时琅琊人贡禹曾上奏曰："故时齐三服官输物不过十笥，方今齐三服官作工各数千人，一岁费数钜万。蜀广汉主金银器，岁各用五百万。三工官官费五千万，东西织室亦然。"[5]这里的各数千人，总数可能会达上万人，这个作坊应该是巨大的。《汉书·哀帝纪》（前25—前1）载："绥和二年（公元前7年）有司上奏，齐三服官诸官，织绮绣难成，害女红之事，皆止无作输。"[8]东汉建初二年（公元 77 年）四月癸巳"诏齐相省冰纨、方空縠、吹絮纶"[9]，说明齐郡还是丝织生产的中心之一，还有织造官的设置。

蜀郡成都就是当时著名的丝织品的产地。西汉时，陈留郡襄邑县设有服官，专为皇室生产高级丝织品，"襄邑南有涣水，北有睢水，传曰涣睢之间文章，故有黼黻藻锦日月华虫，以奉天子宗庙御服焉"[10]。两汉时期，四川的蚕桑丝织业更为兴盛。四川成都和德阳的汉墓都出土有桑园画像砖，说明蜀地十分重视蚕桑的生产。先秦时蜀地已设"锦官"。汉代宫廷和官府对锦帛的需求量大增，在成都东南隅围城建织锦工场，委派"锦官"督造，称为"锦官城"。蜀的丝织中心在成都，成都有锦江，《蜀中广记》称"织锦既成，濯于江水，其文分明，胜于初成，他水濯之不如"。濯锦之江称为"锦江"，买卖蜀锦的集市称为"锦市"，织锦工人居住的地方称为"锦里"，官员住处称为"锦官驿"，可见当时织锦之盛。

对于某些技术难度较大的丝织品，已经有专业性质的私营手工作坊来织造，并形成一定的特色、知名度。这种作坊式手工业，带有明显的商品生产的性质。《西京杂记》中说，汉宣帝时（前 73—前 48），"霍光妻遗淳于衍蒲桃锦二十四匹，散花绫二十五匹，绫出巨鹿陈宝光家，宝光妻传其法，霍显召入其第，使作之。机用一百二十镊，六十日成一匹，匹直万钱"。陈宝光妻所用的绫机，用镊数高达一百二十，匹值万钱，正说明当时用这样方法的织工还不多。

民间还出现了一些由贵族经营规模较大的丝织作坊，作坊主人是"尊为公侯，食邑万产"的富商与占有大量家奴的奴隶主。《汉书·张汤传附张安世》有："安世身衣弋绨，夫人自纺绩，家童七百人，皆有手技作业，内治产业，累积纤微，是以能殖其货，富于大将军光。"

同时，后世经典的束综提花机也应该在这一时期得以定型。南梁刘孝威的《鄀县遇见人织率尔寄妇》（鄀县即今湖北宜城市东南）中较为详细地描写了一台织机，很有可能就是束综提花机："经稀疑杼涩，纬断恨丝轻。蒲萄终欲罢，鸳鸯犹未成。""机顶挂流苏，机旁垂结珠。青丝引仗兔，黄金绕鹿卢。"此诗描写的是一个多人共织的场面。

7.2.2 一个丝织作坊的成员构成

一个完整的丝织生产过程包括缫丝、络丝、染色、整经、上浆、摇纬、上机等，需要配备不同的专业人员。但在汉代的文献中没有关于丝织工艺的记载，我们需要从后世的文献中来寻找相关参考资料。

据吕大防《锦官楼记》和费著《蜀锦谱》记载，早期的成都锦院有厂房127间，织机154张，日用挽综工164人，用杼之工154人，练染之工21人，纺绎之工110人。这里用的是束综提花机，所以，用杼的织工和提花的工人，几乎是织机数量的2倍，其余的辅助工序，如这里说的纺绎之工和练染之工，其总数基本与织机数量相等。如果同理推测的话，一个丝织作坊工匠数量的合理配置，大约是织机数量的2～3倍。老官山蜀锦作坊模型里的工匠数量配置，其辅助工匠稍多，但也基本属于合理的范围。

再看《明会典》嘉靖十年织染局和工部织染所住坐工匠清册上所列，其中的分工项目有20多项不同的专业。

（1）纺丝：络丝匠、攒丝匠。

（2）金线制作：裁金匠、背金匠、捻金匠。

（3）整经、上机：牵经匠、打线匠、结综匠。

（4）花纹设计：画匠（奉钦降花样改织）。

（5）挑花：挑花匠。

（6）织造：织匠、腰机匠、挽花匠、刻丝匠、织罗匠。

（7）织机零件和维修：机匠、礮匠、篦匠、木匠。

（8）染整：染匠、洗白匠、胭脂匠。

到清康熙初年的京内织染局，其额设匠役为825名，其中织绣等匠300余名，挽花帮贴匠500余名，包括织匠、绣匠、挑花匠、屯绢匠、纺车匠、络丝匠、络经匠、拣绣匠、画匠、带匠、氆氇匠等，以后陆续进行裁减。

位于南方的江宁织造局的机构也很大很复杂，其下分设各种机房，有供应机房、倭缎机房、诰帛机房等。机房内设有刷经纱匠、牵经接经匠、摇纺匠、打线匠、织挽匠、挑花匠、折缎匠、画裱、雕清花、管花本、管绒、管染、管料等各类匠役[11]。在分工协作的基础上，严格按照技术分工操作规程，完成织物从原料到成品的生产。

杭州织造局的规模，康熙时共有织机770张，其中缎机385张、布机385张。雍正时，据雍正十年（1732年）杭州织造隆升奏称："今查内、外造原额……大小花机七百五十张。"[12]织机减为750张。乾隆时，织机数又有所减少，乾隆十年奏准："杭州现设机六百张，机匠一千八百名，外……杭州摇纺、染匠、挑花及所管高手匠五百三十名。"[13]

孙珮《苏州织造局志》卷4《机张》记载，织染局的堂名、字号和织机数量为：东纴丝堂、西纴丝堂、纱堂、横罗堂、东后罗堂、西后罗堂，以上共19号，花素机400张，计匠1 170名，设所官3员，高手等役领之。

另外，总织局下的堂名、字号和织机更为宏大一些，堂名苏州堂、松江堂、常州堂，下有字号坎、艮、震、巽、离、坤、金、石、丝、竹、匏、土、革、木、仁、义、礼、智、信、忠、良、乾、兑字号，以上共3堂23号，花素机400张，计匠1 160名，设所官3员，高手等役领之。

孙珮《苏州织造局志》记载，康熙二十四年苏州织造局的匠役人数如下[14]：

织染局匠役：所官3人，总高手1人，高手12人，管工12人，管经纬6人，管圆经2人，管扁金2人，管色绒2人，管段数6人，管花本1人，催料6人，拣绣匠8人，挑花匠14人，倒花匠25人，折段匠5，画匠1人，结综匠6人，看堂小甲22人，看局小甲6人，防局巡兵10人，花素机匠1 170人。总计1 320人。

总织局匠役：所官3人，总高手1人，高手12人，管工12人，管经纬6人，管圆经2人，管扁金2人，管色绒2人，管段数6人，管花本1人，催料8人，拣绣匠6人，挑花匠6人，到花匠10人，烘焙匠8人，折段匠6人，画匠1人，看堂小甲24人，看局小早6人，防局巡兵10人，花素机匠1 160人。总计1 292人。

织造局内各种工项均有专职，由此可见，织造局内部的生产有着细致的技术分工，这也是为适应官局缎匹在品种、质量和花色上的特殊需要而设置的。在织造时，从原料至成品的生产，都是在织造局不同工种之间的分工协作和密切配合下，严格按照操作规程完成的，具有工场手工业组织形式的特点。

7.2.3 老官山作坊的构成推测

出土提花织机模型的是M2。椁室内为长方形，长6.36 m、宽3.16 m、高2.05 m（含底箱高度）。椁室内高0.45 m处分为两层，其底部分隔为三个小室，底箱上盖板。其中北底箱内出土四部织机模型，由竹木构成，结构复杂、清楚，部件上残存有丝线和染料。初步可以断为蜀锦织机。织机上的彩色丝线说明了这是先染后织、经丝显花的织锦，但为几色经锦还需要深入研究。墓中还出土了 15 位木俑，却为考古发现的提花机提供了较准确的比例依据，其高度为 26～30 cm，与真人间的比例为 1∶6。如此，织机的比例和人物的比例也应该是 1∶6。

这是一个蜀锦作坊，除了织机，还有大量织造的辅助工具模型。

1）整经工具

经耙：两根大木，上面各有短木插在上面，形成一对，一根上有 20 耙，另一根上有 19 耙。溜眼：经杆一根长木，上有弯勾 22 个。交墩：上有交棒 2 根。

2）摇纬工具

纬车：2 架。

3）络丝工具

络丝架：1 组。络座：3 座 1 套。

与织机伴出还有 15 件彩绘木俑，从俑的不同身姿和身上不同铭文推测有可能为司职不同的织工，应是汉代蜀锦纺织工场实景模拟再现。

属于辅助的丝织工具，应该还有 2 台摇纬车，有 2 个络钩和 12 个络垛，1 套整经工具。

一般来说，1 台纬车只需 1 位摇纬工匠，2 台纬车就需要 2 位工匠跪坐在那里摇纬。工匠摇动纬车圆盘上的摇柄，圆盘转动，圆盘上的绳子应该可以带动小轮上的梭管（或称纡管）转动，然后纬线就可以被绕上梭管或是纡管。但目前的问题是，绕上梭子的纬线应该是从络丝转摇到的簟子上绕下来的，但目前作坊中的簟子并没有实物模型出土。

络垛的组合比较有趣，一般是由 4 个络垛可组成一个络车。络车上张着丝线，丝线挑起经过络勾，再绕到簟子上去。当然，丝线也不一定要经过络勾才能工作，但有的络车也不一定就要使用，这样的话，三组络垛，可以形成三台络车，应该有 3 位辅助工匠形同坐姿，进行络丝工作，比较合适的应该就是 3 位穿着上深下浅上衣的女俑，其姿势可能也是一般坐姿了。

整经，其实是指把理好的经线平行地绕上经轴，其中需要把丝线分批整理好，先绕上齿排，再穿过齿眼，最后上到经轴。这一组人，一般起码需要同时工作的 3～4 位工匠。这些工匠应该是站着或是类似站着的工匠。

从另一角度来看，这些工匠中有 4 人穿着浅色的服装，浅色的上襦和浅色的下裳或裙，胸前都有姓名，可能身份较高一些。共是1跪3站。

另有7人穿着上深下浅的服装，胸前没有文字，可能身份更低一些，属于一般的工匠，共有2跪5坐，其中一人摊手。

由于这是一个模型作坊，也有一些辅助工具特别是如籰子等已经散佚，没有找到，所以无法和工匠俑完全对应起来。但其较大的可能性是：4位衣着浅色的、并在胸前写有名字的是等级较高的工匠。而另外深色上襦、胸无名字的7位工匠，则有可能是等级较低的一般工匠，其中2位跪着的是摇纬，另外5人中可能是2人络丝、3人整经。

7.3 老官山作坊的生产效率

根据项目团队对交龙对凤锦、"五星出东方"锦等织锦复制的时间来看，一天一位工匠大约可以织 8 cm，365 天织，不停工，约 30 m，约相当于 2 匹的产量（一匹约为 12 m）。四台织机就是 8 匹，换言之，这个蜀锦作坊一年应该可以生产大约 8 匹织锦。

历史上也有一些相应的记载。汉宣帝时（前73—前48），"霍光妻遗淳于衍蒲桃锦二十四匹，散花绫二十五匹，绫出巨鹿陈宝光家，宝光妻传其法，霍显召入其第，使作之。机用一百二十镊，六十日成一匹，匹直万钱"。这里的六十日成一匹，是当时织造时的速度，也就是一年大约可以生产汉代的绫 6 匹。

据吕大防《锦官楼记》和费著《蜀锦谱》记载，早期的成都锦院有厂房 127 间，织机 154 张，日用挽综工 164 人，用杼之工 154 人，练染之工 21 人，纺绎之工 110 人，每年用丝 125 000 两，染料 211 000 斤，其中生产土贡锦 3 匹，官告锦 400 匹，臣僚袄子锦 87 匹，广西锦 200 匹。共 690 匹。按 154 台织机算，每台织机年产 4.48 匹。

北宋中期润州岁贡御用花罗数千匹，按《文献通考》说为一万匹。又据《嘉定镇江志》载：宋真宗时润州织罗务旧课十二日成一匹，王子舆制置江浙时匹减一日，即十一日成一匹。若按后者计算，则一万匹约需 300 人织一年，可见润州织罗务起码有罗机 300 张，工匠如加上准备、辅助等工，则总数不下四五百人。

由于织锦的难度远大于织绫，单说汉代五色锦的织造速度，项目团队的织造实验统计结果是，"五星锦"一天织得 7 cm，因一匹约 1 200 cm，总共约需 170 天织出，即每年可织 2 匹。

假设穿综上机等所有的辅助工序都可以同时进行的话，一个老官山这样的作坊，共有 4 台织机，如按一台 2 匹计，则一年可以生产 8～10 匹织锦。

参考文献

[1] 谢涛，武家璧，索德浩，等. 成都市天回镇老官山汉墓[J]. 考古，2014（7）：2，59-70.

[2] 曾洁. 考古成都（7）| 让骸骨说话：老官山汉墓拥有 4 架织机的墓主，是个勤劳的"白富美"[EB/OL]. （2018-08-13）[2024-11-01]. https://www.thecover.cn/news/1036149.

[3] 陈直. 两汉经济史料论丛[M]. 西安：陕西人民出版社，1958.

[4] 何清谷校注. 三辅黄图校注[M]. 西安：三秦出版社，2006.

[5] [汉]班固. 汉书·卷七十二《王贡两龚鲍传》[M]. 北京：中华书局，1962：3098.

[6] [南朝宋]范晔. 后汉书·皇后纪第十上[M]. 北京：中华书局，1982（第 2 册）：422.

[7] [汉]班固撰，[唐]颜师古注. 汉书[M]. 北京：中华书局，2018：286.

[8] [汉]班固. 汉书·卷十一《哀帝纪》[M]. 北京：中华书局，1962：338.

[9] [佚名]. 《后汉书》《章帝纪》. 二十五史[M]. 上海：上海古籍出版社，上海书店：775.

[10] [佚名]. 《太平御览》卷 815 引《陈留风俗传》[M]. 北京：中华书局，1962：3624.

[11] 中国社会科学院经济研究所藏清代钞档：乾隆四年四月初六日，管理江宁织造兼管龙江关税务员外郎李英题；乾隆十三年四月十四日，管理江宁织造兼管龙江、西新关税务总督内务府坐办堂郎中吉葆题.

[12] [佚名]. 《宫中朱批奏折·工业类·纺织项》雍正朝[M]. 北京：中国第一历史档案馆，[时间不详].

[13] [佚名]. 光绪《大清会典事例》卷 1190《内务府·库藏》[M]. 北京：1900：17.

[14] 孙珮. 苏州织造局志卷 10《人役》[M]. 南京：江苏人民出版社，1959.

附录一　成都老官山汉墓出土最早的提花织机实证[*]

---

[*] 本书后所附英文文章与 Antiquity Publications Ltd.（Cambridge University Press）协商达成。在该期刊所发表本文章的版权归其所有；本书版权归上海科学技术出版社。

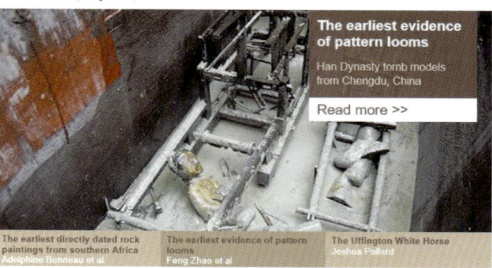

The earliest evidence of pattern looms: Han Dynasty tomb models from Chengdu, China

Feng Zhao[1,2,3,*], Yi Wang[4], Qun Luo[1,2], Bo Long[1,2], Baichun Zhang[5], Yingchong Xia[6], Tao Xie[4], Shunqing Wu[7] & Lin Xiao[4]

Excavation of the Han Dynasty chambered tomb at Laoguanshan in Chengdu, south-west China, has provided the earliest known evidence of pattern loom technology. Four model looms, along with accompanying artefacts and figurines relating to the weaving process, give insight into the technique of jin silk production. The discovery is hugely significant as it provides the first direct evidence of pattern-weave textile production in ancient China. Jin silk, made using this method, was both valuable and widely distributed, and the design of the machine influenced the invention of later looms and the spread of technology throughout Eurasia and Europe, representing great technological accomplishment for the second century BC.

Keywords: China, Han Dynasty, pattern loom, woven silk, textile workshop

Introduction

As one of the important luxury products of early China, discoveries of silk, and evidence of the weaving technology used in the production of silk textiles, are of great significance. New light has been thrown on this technology by the discovery, in 2013, of an exceptional find:

---

[1] China National Silk Museum, 73-1 Yuhuangshan Road, Hangzhou 310002, PR China
[2] Key Scientific Research Base of Textile Conservation, State Administration of Cultural Heritage, 73-1 Yuhuangshan Road, Hangzhou 310002, PR China
[3] Donghua University, 1882 West Yan'an Road, Shanghai 200051, PR China
[4] Chengdu Museum, 18 Shierqiao Road, Chengdu 610072, PR China
[5] Institute for the History of Natural Sciences, Chinese Academy of Sciences, 55 Zhongguancun East Road, Beijing 100190, PR China
[6] Zhijiang College of Zhejiang University of Technology, 182 Zhijiang Road, Hangzhou 310024, PR China
[7] Jinzhou Conservation Center for Cultural Heritage, 142 Jingzhong Road, Jingzhou 434100, PR China
* Author for correspondence (Email: zhaofeng@dhu.edu.cn)

four wooden models of pattern looms, and associated figurines and paraphernalia from a model textile workshop, excavated from a Han Dynasty burial at Laoguanshan, Chengdu, south-west China. These date to the second half of the second century BC, and are the earliest evidence for the use of pattern looms in China (Chengdu Institute of Archaeology & Jinzhou Conservation Center for Cultural Heritage 2014). Their discovery points to an ancient Chinese origin for a technology that revolutionised silk production throughout the rest of Asia and Europe.

Laoguanshan is located in the northern part of the Chengdu municipality in Sichuan province. This was part of the ancient kingdom of Shu, which was a classical production centre for *jin* silk (a polychrome woven textile) in early times from the Qin to Tang Dynasties (second century BC to ninth century AD). It had good connections with north-west China, and it was via this route that the jin silk was exported to the Silk Road.

A pattern loom is a weaving device with a set of shafts with heddles (or harnesses—a glossary of terms used throughout the article is included at the end of the text) that allow a pattern programme to be installed and used to create continuous repeating patterns. The Chinese word for loom, *chi* (or *ji*), represents the outline of a loom and embodies the ancient Chinese concept of technology and machinery *par excellence* (Needham 1988). The loom plays a vital role in the history of Chinese textiles, but also in the global history of science and technology. Until 2014, however, our knowledge of the early history of the pattern loom was limited to textual references and excavated patterned textiles. The pattern loom models excavated from Laoguanshan document, for the first time, the early history of this technology in artefact form. The loom models are thus key to the technology of silk pattern weaving. Moreover, and unexpectedly, they testify to the very advanced weaving technology of the treadle loom in East Asia as early as the second century BC, a technology that was not known in the West until a millennium later.

The Laoguanshan discovery

Four model pattern looms, with devices for warping, rewinding and weft winding, were found in tomb two at Laoguanshan, along with 15 painted wooden figurines, each with their name written on the breast and probably representing weavers or weaving-related workers (Figure 1). The size of the whole set, including loom and accompanying weaver figurines, is approximately one-sixth that of life size.

The tomb chamber, which is 7.2m long, 4.5m wide and 2.75m high, was made of painted wood and consists of five compartments, one large component on the top and four smaller ones below. The uppermost compartment contained a coffin with a female corpse, around 50 years old at death. According to a jade seal found broken outside the coffin (suggesting that the tomb had been robbed just after burial), the individual was named 'Wan Dinu'. The small compartment below contained the four model pattern looms, while the other chests held numerous lacquer objects (Figure 2). From the tomb style and the discovery of a Western Han bronze coin, the chamber was dated to the reigns of Emperors Jingdi (157–141 BC) and Wudi (141–88 BC) of the Western Han Dynasty. No ^{14}C dating has yet been undertaken.

Figure 1. The compartment with the four model looms photographed during excavation (photograph by Tao Xie).

Figure 2. A reconstruction of the tomb chamber showing the four compartments (a single larger compartment above and three smaller ones below) (drawing by Yingchong Xia).

The four loom models were made mainly of wood and partly of bamboo, with cinnabar-dyed silk threads preserved on the beams. Loom 186 is the largest model, with dimensions of 0.85m long, 0.26m wide and 0.5m high, while the others, L.189, L.190 and L.191, are smaller (Figure 3; Table 1).

Table 1. Dimensions of the four loom models found in the chambered tomb at Laoguanshan.

Loom no.	Location in chest	Dimensions (mm)	Power transmission	Grille compartments	Pattern shafts	Foundation shafts	Real dimensions (m)
186	north-east	L850, W260, H500	sliding frame	19	5		L5.10, W1.56, H3.00
189	south-east	L670, W196, H360	hook rod	13	3	2	L4.02, W1.18, H2.16
190	north-west	L640, W190, H370	hook rod	12	3	2	L3.84, W1.14, H2.22
191	south-west	L630, W190, H360	hook rod	12	5	2	L3.78, W1.14, H2.16

Figure 3. L.186 (left) and L.189 (right) photographed during excavation (photograph by Tao Xie).

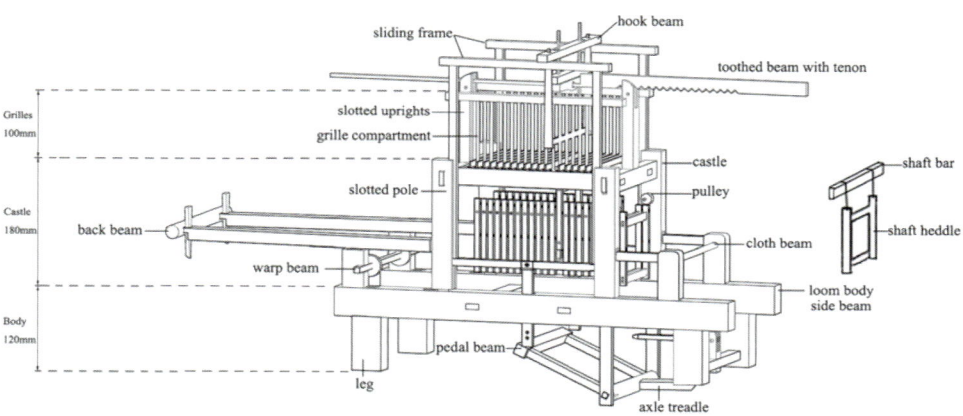

Figure 4. Labelled schematic showing the design and components of L.186 (drawing by Bo Long).

Although all four models collapsed after removal from the burial, all of the constituent elements were preserved and the looms could be reconstructed.

Loom L.186.

Our reconstruction of L.186, the largest of the models, indicates a loom body 550mm long, 240mm wide and 120mm tall, supported by four legs, on which stands a loom castle, 250mm long, 230mm wide and 180mm tall, made of four slotted poles. Two 100mm-high grilles made of bamboo, each with 19 compartments, stand on either side of the loom castle to contain the pattern shafts (Figures 4 & 5).

Figure 5. A reconstruction of loom model L.186 (drawing by Bo Long and Yingchong Xia).

The warp beam and cloth beam stretch the warp on the loom, the former at the back to hold the warp, and the latter at the front to hold the cloth. They are both supported by two pairs of struts, 67mm high, with a ratchet on the right-hand side. A back beam (240mm long), or 'whip roll', is placed on an extra frame, at the back of the loom to accommodate a longer warp on the loom and adjust change when the shed is made (Figure 6).

The foundation shafts create the warp's natural and counter sheds, enabling the shuttle to pass and weave a tabby structure. On the inner sides of the two front slotted poles of the loom castle, there is one pair of pulleys, with two foundation shafts, about 100mm high and 95mm wide, which are operated by two treadles on the pedal beam.

The pattern shafts installed in the loom castle are the most complex system components in this particular loom type, but, unfortunately, there are only five pattern shafts left. Each hangs by a shaft bar, 158mm long, among 19 total loom castle grille compartments. The 14 vacant grille compartments enforce the idea that, in this regard, the loom model was only an imitation of a real pattern loom. During the weaving process, one side of the axle treadle held by the front poles is depressed, raising the other side upwards in order to push two sliding frames in the slotted poles upwards. Then the hook beam on the top is also pushed up by two sliding frames (Figure 4), lifting a shaft bar in a certain compartment, and thereafter lifting a corresponding shaft. To select the desired shafts, a toothed beam with two tenons carrying the hook beam and moving in the direction of the warp can be stopped at a certain position to select a particular pattern shaft. This selecting of pattern shafts could be performed by the weaver or their assistant.

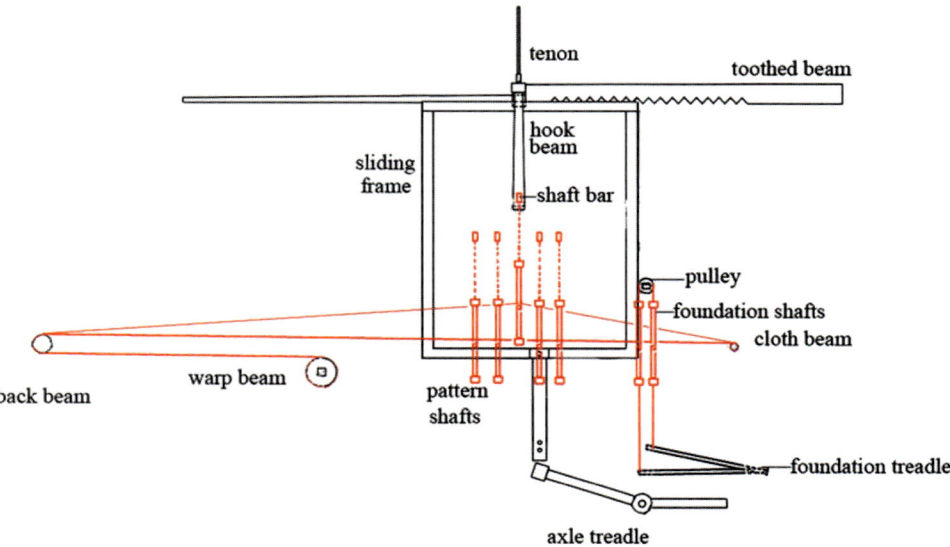

Figure 6. Model showing the movement of the beams, shafts and treadles of L.186. Red markings indicate the moving warp and shaft components of the loom (drawing by Feng Zhao and Bo Long).

Looms L.189, L.190 and L.191: pattern looms with hook rods

The other three models are smaller than L.186. Their operating system is also different from L.186, with two hook rods on both sides, instead of two sliding frames and a hook beam to lift the shaft bar. When the weaver steps on one side of the axle treadle, the other side pushes the hook rods upwards, and the hooks lift the shaft bar and the pattern shaft. These models constitute the earliest evidence of such a linkage mechanism in Chinese weaving technology (Figure 7 compares the means of power transmission for L.186 and L.189).

We therefore suggest a new terminology for these two types of pattern loom models. As a group, they may be described as 'hook-shaft pattern looms', with the former type being a hook-shaft pattern loom with sliding frames (L.186), and the latter types being hook-shaft pattern looms with hook rods.

Han Dynasty jin silk

No textiles were found on the looms; indeed, no silk textiles from this period have been discovered so far in this area of China. So-called jin silk (Zhao 1999), dating to the previous Warring States period (fifth–third centuries BC) and the Early Han Dynasty (second–first centuries BC), has been excavated from other regions. All these excavated jin silks used the same weave structure: warp-faced compound tabby, a particular, traditional weave structure originating from ancient China. The preservation of red silk thread coloured by cinnabar, and brown silk thread on the Laoguanshan models, strongly suggests that looms with multiple shafts were used to weave textiles similar to those from Mawangdui at Changsha, in Hunan province, and Fenghuangshan at Jinzhou, in Hubei province. These have geometric

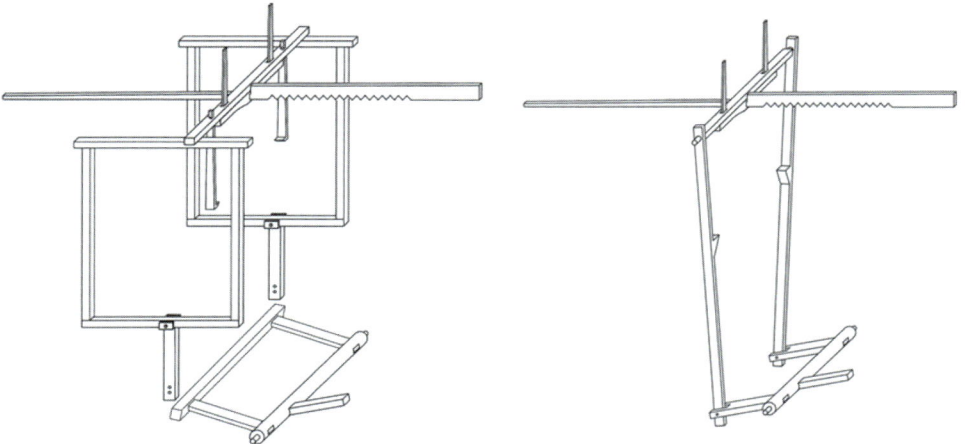

Figure 7. Diagram comparing the modes of power used for models L.186 (left) and L.189 (right) (drawing by Qun Luo).

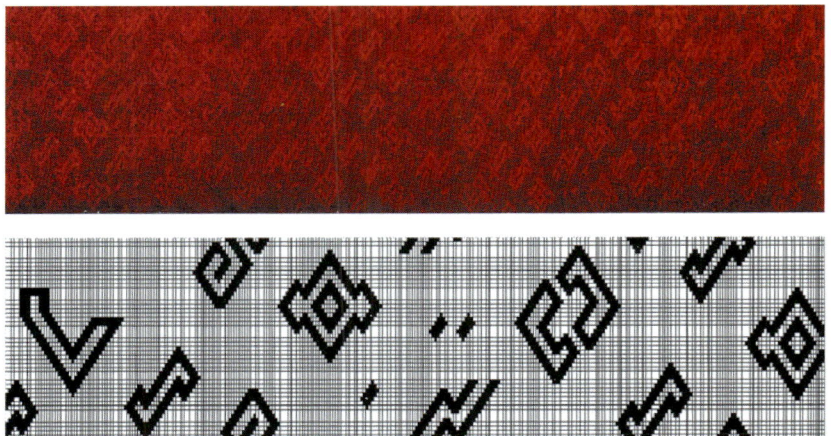

Figure 8. Geometric-patterned jin silk from Mawangdui and accompanying design plan of the corresponding pattern (drawing by Jialiang Lu).

patterns (Figure 8), with bird motifs at Mawangdui (The Archaeological Research Group of the Shanghai Textile Research Institute and the Shanghai Silk Industry Corporation 1980), and leopard motifs at Fenghuangshan (Chen 1993). Both are dated to the second century BC.

All the jin silks from this period, including those from these loom models, were probably made using a similar technique (warp silk yarn was dyed before being woven) and weave structure: warp-faced compound tabby (Figure 9). To weave red and brown jin silk, both coloured warps were grouped together and entered one heddle of two foundation shafts in an alternating order. Each group of warps should select either red or brown warp to enter one heddle of every pattern shaft according to the particular design. Thus, when one pattern shaft is lifted, each heddle should lift either red or brown warp to form the design. Below, we use the jin silk with geometric pattern as an example for 2 foundational shafts and 24 pattern shafts to weave on the loom (Figure 10).

Pattern-loom operating system

A shed is formed by two layers of warps, one lifted and the other depressed, to allow the weft to pass through. Four sheds should be formed, step by step, to carry out a weave unit.

- Shed one for foundation: the foundation treadle one is depressed and foundational shaft two is lifted; the tabby shed is formed, and the shuttle with foundation weft passes through.
- Shed two for pattern: the pattern treadle is depressed to push the sliding frame up. Pattern shaft one is lifted to make a shed for the weft because the hook beam is moved with the toothed beam to the position of pattern shaft one.
- Shed three for foundation: foundation treadle two is depressed and foundation shaft one is lifted.
- Shed four for pattern: the hook beam is moved to pattern shaft two, then the pattern treadle is depressed and pattern shaft two is lifted.

Following on from this sequence, foundation shaft one lifts again for shed five, pattern shaft three for shed six, foundation shaft two for shed seven and pattern shaft four for shed eight, until pattern shaft twenty-four is lifted for shed forty-eight, which marks the end of one weave repetition. After the first sequence is finished, the pattern plan could be repeated from 1–24 or reversed from 24–1. In this particular case, for a geometric pattern, it would be started again from 1–24 (Figure 11).

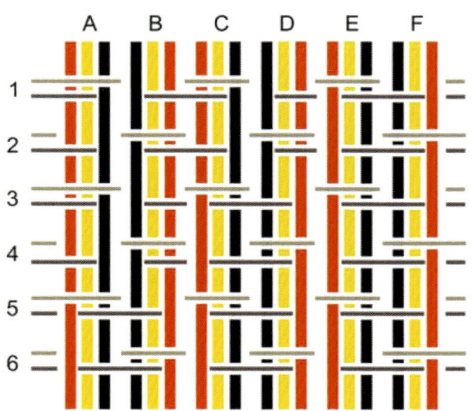

Figure 9. The warp-faced compound tabby used for the creation of jin silk, with different coloured warps shown. Numbers refer to two series of wefts, one of which appears on the face while the other is on the reverse. Letters refer to the sets of warps (drawing by Le Wang).

Discussion

Looms, loom models, component pieces and illustrations of weaving technology have come to light through archaeological excavations around the world. These include: the horizontal two-bar loom in the model of a weaving workshop from the tomb of Meket-Re in Egypt (Ninth Dynasty, c. 2000 BC); the vertical loom illustrated in the tomb of Thot-nefer at Thebes (Eighteenth Dynasty, c. 1425 BC) (Broudy 1979); the warp-weighted loom illustrated in Greek vase paintings of the fifth and fourth centuries BC; and finds of loom

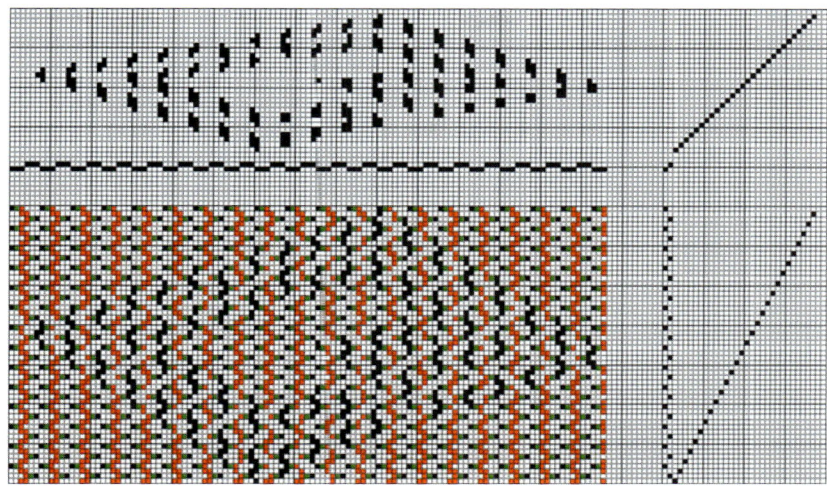

Figure 10. An example of a weaving plan for jin silk with a geometric pattern (drawing by Jialiang Lu).

weights from Neolithic Central Europe. Early loom types are also known in China, such as the back-strap loom of the Liangzhu culture (Zhao 1992), and there are still more in later periods, as evidenced by finds recovered from tombs 1 and 17 at Shizhaishan, Yunnan province (Vollmer 1977). All of these types of loom can be used to weave tabby or twill with one to three sheds. The weft is inserted manually, and they cannot produce programmed patterns. Another weaving technology capable of including multiple weft systems using treadle-powered looms was also present at this period in China. This was the oblique framed treadle loom, designed for plain weave textile, the earliest evidence of which comes from a depiction on a glazed pottery model from the Eastern Han Dynasty, *c*. 100–200 AD (Zhao 1997).

Several scholars, such as Flanagan (1919), Crowfoot and Griffiths (1939), Kuhn (1995) and Riboud (1977), have attempted to explain Chinese weaving technology from the evidence of ancient texts and finds of patterned archaeological textiles. Many scholars, such as Needham (1988) and James (1986), attribute the invention of the pattern loom (Hu 1980; Tu 1983) or draw loom (Sun 1963; Gao & Zhang 1997) to ancient China. There is on-going disagreement, however, as to how the technology of the Chinese-invented pattern loom should be defined, and whether or not it comprised a multi-treadle and multi-shaft loom or a draw loom. The four newly discovered loom models excavated in Laoguanshan finally provide an unequivocal answer to this question, revealing it to have been a loom of the multi-shaft type. Moreover, they reveal an innovation that scholars had not previously considered: the use of a treadle to power the loom, and a hook beam to select the pattern shaft.

The multi-shaft system is known solely from Chinese historical documents. In the early Han Dynasty, during the second century BC, the wife of Chen Baoguang wove patterned damask with 120 *nie* (metal sticks), which were probably pattern rods, suggesting the use of pattern shafts (Cheng & Cheng 1993). Later, during the Three Kingdoms period in the third century AD, a pattern loom for damask weave with either 50 treadles and 50 shafts, or 60 treadles and 60 shafts, was in use at Fufeng (Wang 2009), near present-day Xi'an. Both of these examples, the Baoguang loom and the Fufeng loom, belong to the shaft pattern loom type.

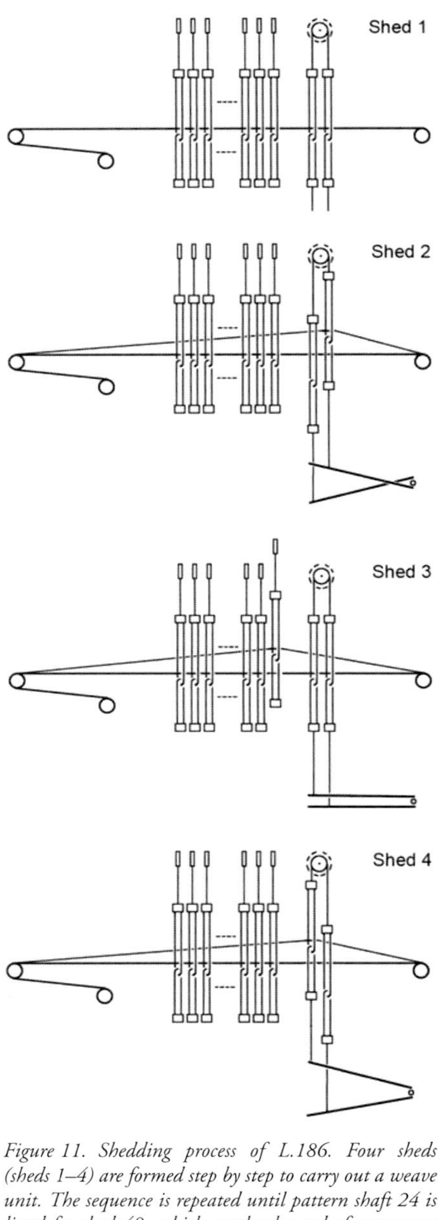

Moreover, the axle treadle is also attested in later Han Dynasty contexts, as shown by an oblique treadle loom for plain weave, from the first or second century AD. This loom had two treadles on a pedal beam, connected to two arms at right angles from one another, on a single axle. One arm pulled the axle to lift the shaft and release the warp tension, and the other pushed the axle to release the shaft but press the warp (Zhao 1996). This system is also a linkage mechanism, similar to that used in the pattern loom(s) described from Laoguanshan.

Several textile terms described in the late Han Dynasty poem *Jifu fu* resemble components of this pattern loom, such as *sheng* for warp beam, *fu* for cloth beam, *da kuang* for loom body, *guang* for shaft, *zhou* for treadle axle, *tu er* for cloth beam, *gao lou* for castle, *yu* for shuttle and *lu lu* for pulley (Xu 1999).

The Laoguanshan discovery suggests that the pattern loom was first invented in Chengdu of China, the ancient Kingdom of Shu. This city is known to have had an official jin silk workshop in the Qin and Han Dynasties from between the second century BC and the second century AD. This means that, in the kingdom of Shu at least, weavers must have used a pattern loom for weaving jin silk with warp-faced compound tabby. Together with these pattern loom models, other weaving-related tools and paraphernalia were recovered through excavation, including warping devices, a warping board, silk rewinders and weft winders, and also 15 painted figurines, including four male weavers and female weaving assistants in the act of warping, weft winding and rewinding.

Figure 11. Shedding process of L.186. Four sheds (sheds 1–4) are formed step by step to carry out a weave unit. The sequence is repeated until pattern shaft 24 is listed for shed 48, which marks the end of one weave repetition (drawing by Bo Long).

This find also provides relevant information about the proportions of both the model and the real loom based on the size of the human figurines. They were around 0.25m tall, giving an approximate ratio of 1:6; this was subsequently used for our reconstruction of the Han hook-shaft pattern loom.

Conclusion

The discovery of these models of unique hook-shaft pattern looms sheds new light on the history of early technology and on the transmission of innovations in the second century BC. It pre-dates the previous earliest evidence for this weaving technology by several centuries, and represents the missing technological link responsible for the renowned Han Dynasty *Shu jin* silks, which are frequently found along the Silk Road, and were traded across Eurasia. The early date of the find suggests that it influenced the invention of the draw loom (see Zhao 2014). It also illustrates how Han Dynasty China exported not only spectacular qualities and patterns of silk to Central Asia and the Roman and late-Roman west, but also how weavers in this area of China used a different and more complex weaving technology than that documented anywhere else for the time.

This archaeological find is thus significant not only for the Chinese history of silk and textiles, but also for the global history of science and technology. At present, they are undoubtedly the earliest models of pattern looms in the world, and perfectly illustrate the superb Chinese technique of silk weaving. We believe that this shaft pattern loom was the basis for the invention of the draw loom, which was then introduced to the West (Persia, India and Europe), indicating that the Chinese silk pattern loom made a significant contribution to the subsequent development of world textile culture and weaving technology.

Acknowledgements

This project is supported by the Compass Plan, State Administration of Cultural Heritage, 2014. This was a joint project by more than seven institutes, and we thank the following people who have helped and contributed in various ways: Ziqiang Wang and Yang Zhou of the China National Silk Museum, who studied the archaeological loom models; Mingbin Li and Yang Li of Chengdu Museum who assisted the authors in measuring the loom models; Jialiang Lu of Zhejiang Sci-tech University, and Le Wang of Donghua University, who drew the images of reconstituted jin silks; Hui Liu of the Institute for the History of Natural Sciences, Chinese Academy of Sciences, who provided historical documents. We also would like to thank Karin Frei of the National Museum of Denmark for giving valuable suggestions and assistance in editing the manuscript.

Glossary

The following glossary is based on *Warp and weft: a textile terminology* by D.K. Burnham (1980). See also Figure 4.

Back-strap loom: a type of loom where tension to stretch the warp ends is applied by the weight of the weaver's body. One end is usually attached around the weaver's waist by a belt, and the other is fixed somewhere or held by the weaver's feet.

Cloth beam: the roller on which the cloth is wound as weaving proceeds.

Counter shed: the shed opposite the natural shed. The counter shed is usually created by manipulation of a heddle rod.

Draw loom: a type of loom characterised by using pattern cords; it first appeared in the early Tang dynasty. Two persons are needed for weaving, with one manning the lower portion of the loom, and the other controlling the draw cords at a higher elevation.

Foundation shaft: pair of shafts that lift the warp ends, one for 1, 3, 5 and so on, and the other for 2, 4, 6 and so on, in order to make a tabby binding for the warp-faced compound weave.

Foundation weave: binding structure made of foundation shafts throughout the whole fabric.

Grille: two arrays of upright rods, standing on the loom castle, and containing the shaft bars that lift the pattern shafts.

Heddle/shaft heddle: a device (a thread harness in the case of the pattern looms described here) situated within the loom, with an eye through which warp ends are threaded. It is used to pull the upper and lower warp threads apart, thereby creating the shed.

Heddle rod: a rod with loops used on simple looms for making a shed opening. It lies in front of, or above, the warp, and is attached by loops to those warp threads that are at the back of the shed stick. By the raising of the heddle rod, these threads are brought forward to form a counter shed to that made by the shed stick. The number of heddle rods may be increased for patterning purposes.

Hook beam: horizontal beam, rested upon two sliding frames, with two hooks to lift the shaft bar.

Loom castle: the support frame that stands upon the loom body to contain and facilitate the grille and shaft heddles.

Natural shed: with many simple looms, a natural shed exists when the loom is at rest. This is usually due to the position of the shed stick, but may also be because of the position of a fixed heddle rod.

Pattern shaft: a series of shafts that lift warp ends to create the pattern on a foundation weave.

Pattern rods: sticks to pick up the warps that are arranged on top of the fabric to form the pattern.

Pick: a single passage of the shuttle carrying one or more weft threads through the shed.

Shaft: a group of heddles fixed side by side in order that they may be moved together at the same time. Most commonly, a shaft consists of a series of heddles between two horizontal bars.

Shed: the opening in the warp that permits passage of the shuttle and thereby the pick.

Shed stick: stick threaded between stretched warp ends, creating an opening, or shed, through which the weft is passed.

Shuttle: a device to help store and deliver yarn as weft.

Tabby/tabby binding: a plain weave structure in which the weft and warp threads form a criss-cross pattern.

Twill: a textile weave with a diagonal pattern created by offset rows of weft.

Warp: the longitudinal threads of a textile as arranged on the loom.

Warp beam: the roller on which the warp is wound in preparation for weaving.

Warp-faced compound tabby/weave: a weave made using a warp comprising two or more different series and one weft. Alternate wefts serve to separate the series of warp ends so that only one appears on the face, while the other(s) is kept on the reverse face. The remaining wefts bind the warp ends in a tabby structure.

Weft: transverse threads of a textile weave that are passed through the sheds.

Whip roll: the roller at the back of the loom, used to guide the warp ends on their way to the heddle.

References

The Archaeological Research Group of the Shanghai Textile Research Institute and the Shanghai Silk Industry Corporation. 1980. *A study of the textile fabrics unearthed from Han tomb no. 1 at Mawangtui in Changsha*. Beijing: Wenwu.

BROUDY, E. 1979. *The book of looms: a history of the handloom from ancient times to the present*. Providence (RI): Brown University Press.

BURNHAM, D.K. 1980. *Warp and weft: a textile terminology*. Toronto: Royal Ontario Museum.

CHEN, Z.Y. 1993. Han tomb no. 168 at Fenghuangshan, Jiangling. *Journal of Archaeology in China* 4: 455–513.

Chengdu Institute of Archaeology and Jinzhou Conservation Center for Cultural Heritage. 2014. Archaeological report of Han tombs at Laoguanshan, Tianhuizhen, Chengdu, Sichuan. *Archaeology* 7: 59–70.

CHENG, L. & Z.C. CHENG. 1993. *Xi Jing Za Ji*. Guiyang: Guizhou.

CROWFOOT, G.M. & J. GRIFFITHS. 1939. Coptic textiles in two-faced weave with pattern in reverse. *Journal of Egyptian Archaeology* 25: 40–47.

FLANAGAN, J.F. 1919. The origin of the drawloom used in the making of early Byzantine silks. *The Burlington Magazine for Connoisseurs* 35: 167–72.

GAO, H.Y. & P.G. ZHANG. 1997. *A research of development of silk weaving machinery in ancient China*. Beijing: China Textile.

HU, Y.D., J.P. WANG, T. YU, X.H. XIAO, J.F. WANG, Y.Y. CHEN & Z.Y. ZHOU. 1980. The development of Shu silk loom from a point of view of Dingqiao loom: a field research report on the multi-treadle and multi-shaft loom. *Newsletter of History of Textile Science and Technology in China* 1: 50–62.

JAMES, J.M. 1986. Silk, China and the drawloom. *Archaeology* 39: 64–65.

KUHN, D. 1995. Silk weaving in ancient China: from geometric figures to patterns of pictorial likeness. *Chinese Science* 12: 77–114.

NEEDHAM, J. 1988. *Science and civilisation in China*. Cambridge: Cambridge University Press.

RIBOUD, K. 1977. A detailed study of the figured silk with birds, rocks and trees from the Han Dynasty. *Bulletin de Liaison, CIETA* 45: 51–60.

SUN, Y.T. 1963. The development of textile technology during the Warring States period to Qin and Han Dynasties. *Research on History* 3: 143–73.

Tu, H.X. 1983. Research and reproduction of silk textiles from the Warring States Period. Unpublished PhD dissertation, Donghua Univesity.

Vollmer, J.E. 1977. Archaeological and ethnological considerations of the foot-braced body tension loom. *Studies in Textile History*: 343–54. Toronto: Royal Ontario Museum.

Wang, K.R. 2009. *San Guo Zhi* [*The records of three kingdoms*]. Shenyang: Northern United.

Xu, Z.S. 1999. *K.J. Yan's Quan Hou Han Wen* [*The collected works of the Eastern Han Dynasty*]. Beijing: Commercial.

Zhao, F. 1992. Reconstruction of back-strap loom of Liangzhu. *Southeast Culture* 2: 108–11.

– 1996. Reproduction of Han Dynasty oblique treadle loom. *Cultural Relics* 5: 87–95.

– 1997. Reconstruction of axle-treadle loom in Han Dynasty. *Journal of China Textile University* 4: 60–65.

– 1999. Treasures in silk: an illustrated history of Chinese textiles. Hong Kong: ISAT/Costume Squad.

– 2014. The development of pattern weaving technology through textile exchange along the Silk Road, in M-L. Nosch, F. Zhao & L. Varadarajan. (ed.) *Global textile encounters* (Ancient Textile Series 20): 49–64. Oxford: Oxbow.

Received: 20 September 2015; Accepted: 22 December 2015; Revised: 4 January 2016

附录二　致谢

在老官山织机模型出土后的6年里，经过汉机织汉锦团队的不懈努力之下，终于完成了整个复原工作的闭环，重建还原了完整的汉代提花织机及其提花织造技术，并成功复制了汉代织锦最高技术代表的"五星锦"，实现了纺织考古研究的"全链条"。在此，向参与整个项目以及提供帮助和支持的机构与人员表示真诚的谢意。他们分别是：中国丝绸博物馆的罗群、刘剑、俞有德、厉美娟、韩江玲、毛慧琴、沈慧敏、周旸、汪自强；成都博物馆的李明斌、肖嶙、孙杰、杨弢、周询、李阳、吴萌、范犁；成都文物考古研究院的王毅、谢涛；中国科学院自然科学史研究所的张柏春、刘辉；新疆维吾尔自治区文物考古研究所的李文瑛、康晓静；国家文物局的罗静、钱坤；浙江省文物局的金萍等。其中，罗群作为项目的技术负责人，对提花机和"五星锦"的复原做出了至关重要的贡献，我们在此要特别表示感谢。

自从2013年年初四川成都老官山汉墓西汉提花织机模型出土后，在成都文物考古研究院和荆州文物保护中心的发掘测绘和精心保护下，我们才能得到四台织机模型的详细数据和具体细节。国家文物局高度重视，委托中国丝绸博物馆赵丰团队承担"汉代提花技术复原研究与展示——以成都老官山汉墓出土织机为例"的指南针计划专项项目，此项目联合成都博物馆、中国科学院自然科学史研究所、浙江工业大学之江学院等机构，复原了西汉时期的勾综式提花机以及织造技术，完成了滑框式和连杆式两个类型的一勾多综提花织机的复原工作，探究汉代提花织机的机械结构、传动机构、织造原理等。随后，利用复原织机尝试复制了战国"交龙对凤纹锦"和新疆出土的东汉"波纹锦"等纹综数量不多的汉式经锦，从而掌握了老官山汉代提花织机的织造技术，为后续复杂的"五星锦"复制工作奠定了牢固的技术基石。成果于2015年公布，之后发表在国际知名专业学刊 *Antiquity*（《古物》）上，引起了世界各地考古和科技史同行的关注和转载。2016年，经国家文物局批准，新疆维吾尔自治区文物局、新疆维吾尔自治区文物考古研究所委托中国丝绸博物馆进行"五星出东方利中国"锦护膊的复制。同时，浙江省文物局委托中国丝绸博物馆承担了"成都老官山汉墓出土提花织机织造技术研究"，改造了首次制作的织机，解决了提花织造的关键技术。在前期研究的基础上，2017年"五星锦"复制工作正式启动后，首先对"五星锦"的织物规格及色彩参数等进行了详细的分析测绘。然后根据"五星锦"的织造工艺特征重新打造了一台改良的汉代多综提花织机，按照规格整经、打综。同时，绘制详尽的意匠图并进行挑花结本，再将花本过花到经线上，接着将经线按照花本的纹样信息进行穿综，由于"五星锦"总经根数有一万余根，纹综84片，地综2片，穿综过程耗时一年有余。完成穿综之后工作后正式上机，经过吊综、调试等之后开始试织，随时根据实际情况对织机进行实时调整，经过几个纹样循环的织造后，基本确认纹样图案与出土文物一致，最终成功织造出"五星锦"。

附录三 大事记

2012年12月17日，成都文物考古研究院在发掘过程中发现提花织机模型以及其他文物，随后进入应急脱水保护工作流程。

2013年11月1日，时任成都文物考古研究院院长和成都博物馆馆长王毅与项目负责人赵丰洽谈成都老官山汉墓出土提花织机复原事宜。

2014年2月16日，成都文物考古研究院完成相关出土文物的测绘工作，为项目团队提供了详细的测绘数据。

2014年5月5日，项目团队向国家文物局提交指南针计划项目申报书。

2014年6月23日，国家文物局批复同意"汉代提花技术复原研究与展示——以成都老官山汉墓出土织机为例"立项。

2014年7月10日，项目团队到成都汇报交流初步研究成果，并实地考察出土文物。

2014年9月3日，成都博物馆与项目团队商讨后续研究计划。

2015年2月17日，国家文物局批复同意新疆维吾尔自治区文物局《关于复制"五星出东方利中国"锦护膊的请示》。

2015年6月15日，项目团队再赴成都考察出土文物，商定研究成果发布细节。

2015年9月30日，时任中国科学院自然科技史研究所所长张柏春来杭指导织机复原工作。

2015年10月11日，项目团队在西湖博物馆举办的"丝路之绸：起源、传播与交流"特展开幕当天正式发布成都老官山汉墓出土织机研究成果，时任国家文物局副局长童明康为复原织机揭幕并发言，来自世界各地20个国家和地区的考古学、语言学、人类学、文博界等相关领域近40位专家和120余位中外代表共同见证了根据出土文物复原的汉代提花织机。

2016年6月初，成都博物馆新馆开馆试运行，其常设展览《花重锦官城——成都历史文化陈列》中展出了成都老官山汉墓出土提花织机的原件，以及项目团队为成都博物馆复制的原大提花织机，这是继2015年10月11日在杭州举办"成都老官山汉墓出土织机研究成果发布会"后的再次亮相。

2016年8月3日，新疆维吾尔自治区文物考古研究所与中国丝绸博物馆正式签订"五星锦"复制协议。

2017年2月28日，中国丝绸博物馆申报的浙江省文物保护科技项目《成都老官山汉墓出土提花织机织造技术研究》正式立项。

2017年4月初，成都汉墓出土世界最早提花织机模型研究成果荣登世界知名期刊 Antiquity（2017年4月第356期）封面文章。之后，该研究成果又被 Live Science（美国生活科学网）以大篇幅报道，并且登上该周全球最重要科学新闻的头条。

2017年7月24日，由国家文物局博物馆与社会文物司（科技司）组织，对中国丝绸博物馆主持的"汉代提花技术复原研究与展示——以成都老官山汉墓出土织机为例"课题的验收会议于北京召开。会上，专家组认真听取了项目组的工作总结，审阅了相关研究报告，认为该三个项目技术资料完整，成果达到合同规定的要求，经费使用合理。一致同意该课题结项。

2018年5月20日，"五星锦"复原项目中期汇报会在中国丝绸博物馆国际中心举行，与会专家在织造馆中观看项目执行人罗群的织造过程，听取了项目负责人赵丰的中期汇报，对"五星锦"的复制工作给予了高度评价，同时认为，"五星锦"的复制已经获得成功。

2019年1月8日，在全国文物局长会议上的全年总结报告中提到了"五星锦"复制的研究成果。

2019年1月13日19：30，中央广播电视总台、央视纪录国际传媒有限公司制作的文博探索节目《国家宝藏（第二季）》第六期来到新疆维吾尔自治区博物馆，踏寻丝绸之路上的西域明珠。其中播出的最后一件重量级国宝是新疆尼雅出土的"五星锦"护膊，赵丰作为"五星锦"的今生故事讲述人，详细介绍了中国丝绸博物馆汉机织汉锦团队复制"五星锦"的相关工作。

2019年8月12日，浙江省文物局在杭州主持召开《成都老官山汉墓出土提花织机织造技术研究》项目验收会。专家组听取了项目组的工作汇报，审阅了相关研究报告，经过讨论同意该项目结项。

2019年8月16日，新疆维吾尔自治区文物局组织专家在新疆维吾尔自治区文物考古研究所对中国丝绸博物馆所承担的"五星出东方利中国"锦护膊复制项目进行验收。专家组听取了项目组汇报后查看"五星出东方利中国"锦护膊复制品，并对项目资料与成果进行审查、质询后，一致认为该项目完成了"五星出东方利中国"锦工艺研究及复制，履行了合同约定的任务，达到了预期目标，采用的研究、复制技术路线合理，采用的复制材料适宜，项目管理规范，验收资料符合验收要求，同意通过结项验收。

后记

2012年7月至2013年8月，为配合成都市地铁三号线基本建设，经国家文物局批准，成都文物考古研究院和荆州文物保护中心组成联合考古队，对成都市金牛区天回镇的一处西汉时期墓地进行抢救性考古发掘。随着墓葬清理工作的开展，2012年12月17日下午，二号墓底箱被打开，在其北侧底箱发现了4台织机模型和相关织造辅助工具，以及15个木俑，此堪称惊天发现，因此被评为2013年全国十大考古新发现。

2014年年初，中国丝绸博物馆牵头，联合成都博物馆、中国科学院自然科学史研究所、浙江工业大学之江学院共同申报的国家文物局"指南针计划"专项课题"汉代提花技术复原研究与展示——以成都老官山汉墓出土织机为例"正式立项，课题以老官山汉墓出土提花机模型及相关文物为研究对象，对其进行全面系统的整理和测绘，全面研究和还原了汉代提花机的结构及其提花生产技术，解决了关于汉代提花机技术的学术争论。在此基础上，还制作了3D展示系统，并按比例复原了一台原始大小且可操作的原大的老官山186号滑框式勾综提花织机。

2015年10月11日，在杭州的西湖博物馆，经过脱水保护修复完善的2台老官山汉代提花机模型的文物来到这里展出5天，同时，中国丝绸博物馆与成都博物馆共同发布了汉代提花机的复原研究成果，第一次向公众全面直观地展示了真实的汉代提花织机与提花织造技术。

2016 年年初，成都博物馆委托中国丝绸博物馆复制一台原大提花机，经过紧张有序的织机复原和织物复制工作，成功复原了老官山 190 号连杆式勾综提花织机。同年 6 月初成都博物馆新馆开馆试运行期间，在其常设展览《花重锦官城——成都历史文化陈列》中展出了复原的提花织机，这是继 2015 年 10 月 11 日在杭州举办"成都老官山汉墓出土织机研究成果发布会"后的再次亮相。

基于出土织机模型的汉代提花织机的全面复原成功，2015 年 2 月，国家文物局又批复同意新疆维吾尔自治区文物局《关于复制"五星出东方利中国"锦护膊的请示》（新文物博发〔2015〕14 号，国家文物局文物博函（2015）321号）。目的是通过在老官山出土提花织机上复制汉代最为华丽、最为著名、难度最大的"五星锦"，经过提取"五星锦"文物的相关信息、确定织物规格、绘制意匠图、准备丝线、整经、穿综、装造等一系列工作之后，在 2018 年年初成功完成试织，之后进行了一些细微调整，在同年 5 月底的"五星锦"复原项目中期汇报会上发布了成功复原的消息。2019 年 1 月 8 日结束的全国文物局长会议上的全年总结报告中提到了这一成果。2019 年 1 月 13 日，中央广播电视总台、央视纪录国际传媒有限公司制作的文博探索节目《国家宝藏（第二季）》第六期来到新疆维吾尔自治区博物馆，踏寻丝绸之路上的西域明珠。其中播出的最后一件重量级国宝是新疆尼雅出土的"五星出东方利中国"锦护膊（简称"五星锦"），项目负责人赵丰作为"五星锦"的今生故事讲述人，详细介绍了中国丝绸博物馆汉机织汉锦团队复制"五星锦"的相关工作。参加国家宝藏节目录制之时，我们利用复制成功的"五星锦"原样仿制了最初的"五星锦"护膊，节目中绑在了此件国宝守护人蓝天野先生的手臂上展示。

目前中国丝绸博物馆复原成功的老官山汉代提花织机在织造馆里展出并定时做织造表演，同时展出复制过程中的意匠图以及复制完成的"五星锦"，解释 2 000 年前的"汉代计算机"如何织造出瑰丽的"五星锦"。

在此，我们特别说明"汉机织汉锦"项目的织机和织物复原的核心成员是：赵丰（项目总负责人），罗群、龙博（织造技术负责人），刘剑（色彩技术负责人），俞有德（织造工），厉美娟、韩江玲、毛慧琴、沈慧敏（织造辅助工），汪自强、周旸（项目协调人）。

2024年，在"汉机织汉锦"项目完成数年之后，我们终于在两个项目资料的基础上整理和撰写了本书。其中，赵丰负责整体架构和第1、5、7章的撰写；龙博负责第2、3、4、6章的撰写，以及全书插图绘制和校补工作，特此说明。

图书在版编目（CIP）数据

汉机织汉锦：老官山提花机及尼雅"五星锦"的复原研究 / 赵丰，龙博著. -- 上海：上海科学技术出版社，2024.12. -- ISBN 978-7-5478-7007-5

Ⅰ．K876.94

中国国家版本馆CIP数据核字第2024GC5666号

汉机织汉锦：老官山提花机及尼雅"五星锦"的复原研究
赵丰　龙博　著

上海世纪出版（集团）有限公司
上海科学技术出版社　出版、发行
（上海市闵行区号景路159弄A座9F-10F）
邮政编码201101　www.sstp.cn
山东韵杰文化科技有限公司印刷
开本 787×1092　1/16　印张 12.5
字数 200千字
2024年12月第1版　2024年12月第1次印刷
ISBN 978-7-5478-7007-5 / K·62
定价：198.00元

本书如有缺页、错装或坏损等严重质量问题，请向印刷厂联系调换